Spiegelungen

Mythosrezeption bei Christa Wolf
Kassandra und *Medea. Stimmen*

von

Karin Birge Büch

Tectum Verlag
Marburg 2002

Die Deutsche Bibliothek - CIP-Einheitsaufnahme

Büch, Karin Birge:
Spiegelungen.
Mythosrezeption bei Christa Wolf. *Kassandra* und *Medea. Stimmen.*
/ von Karin Birge Büch
- Marburg : Tectum Verlag, 2002
ISBN 3-8288-8353-2

© Tectum Verlag

Tectum Verlag
Marburg 2002

Vorbemerkung anstelle einer Zusammenfassung..5

I. MYTHOS – Schwelle zwischen Mündlichkeit und Schriftlichkeit...................................11
    Spannweite des Mythen-Horizontes und Orientierungsansätze für Christa Wolf...................11
    Sprache, Tatsächlichkeit und Wirklichkeit: das Doppelpotential des Mythos.........................16
    Mythos und Wirklichkeit – schwankende Geschichtswahrnehmung.....................................20
    Schichtungen: Mythisch – Mythos – Mythologie – ein theoretischer Begründungsversuch...............22
    Mythen: Zweideutigkeit zwischen Ausschließung und Blickerweiterung................................29
    Möglichkeiten des Umgangs mit der Ambivalenz des Mythos...38
    Um-Blick: Dem Mythischen eine Schrift finden? – Ausstieg aus der Ästhetik........................41

II. Kassandra im Spannungsfeld von Mythos und Mythischem..44
    Vorspann..44
    Was überwunden werden muß, soll erzählt werden. – Motivation und Äußerung des Mythischen........45
    Kassandra –Voraussetzungen einer Begegnung...52
    Rekurs: Mythos und der andere Begriff Wirklichkeit in Kassandra und Medea. Stimmen..............54
    Was wird gesehen beim Sehen oder: Wieviele Wirklichkeiten gab es denn [...]?.....................56
    Mit meiner Stimme sprechen: Das Äußerste. Mehr, anderes hab ich nicht gewollt. – Zur Umwegigkeit eines Vorsatzes...60
    Damals begann, was zur Gewohnheit wurde: Ich stand und sah. – Woher erwächst ein Nein?.........67
    Gegenwelt und Heterotopie..70

III. Medea – Schwierigkeiten einer Zu-sich-selber-Gekommenen......................................76
    Vorspann..76
    Ich wollte mir klarmachen, wo ich lebe. (M 161) – Zwischen Korinth und Kolchis: Illusion eines Wechsels..79
    Leben mit der Raserei gegen andere? (M 171)...87
    Der Beginn des Mythos im Erzählen-über..90
    Abspann..97

Literaturverzeichnis...101

zum dank meinen eltern,
deren liebe und geborgenheit mir alle spielräume weit werden ließen,
zum zuspruch meiner schwester, neben der zeit, die nunmehr lebendig zu werden drängt,
e
al tigre d'ombra
che insieme a me gira ancora per le steppe
illuminate solo dalla
volontà di pensare
(e che mi teneva aperte le porte estranee del primo anno nella sua lingua)
dezember 2001

Vorbemerkung anstelle einer Zusammenfassung

Ich will an dieser Stelle nur deutlich machen, was formale Bezugnahme auf den Mythos bedeutet und daß sie in einem Zusammenhang mit der Einschätzung der Wahrheit gesehen werden muß.[1]

Die vorliegende Arbeit sollte einem Streifzug gleich das Terrain, welches sich zwischen den verschiedenen früheren Repräsentationen des Kassandra- und Medea-Mythos und jener bei Christa Wolf ausbreitet, erkunden und entdecken. Jedoch verortete eine nähere Betrachtung des Hintergrundes von Christa Wolf, vor dem sich ihre Annäherung an den Mythos sowie dessen Belebung vollzog, die anvisierte Auseinandersetzung statt in einem spezifisch von Kassandra und Medea umstellten Feld in einem Raum, in dem der Mythos Möglichkeiten zum Umgang mit **Wirklichkeit** und **Geschichte** eröffnet, die in einem ersten Kapitel umrissen zu werden verlangten. Christa Wolf selbst bietet den Zugang zu einer derartigen Annäherung, stellt sie doch in ihren *Voraussetzungen zu einer Erzählung* vielfältige Parallelen zwischen Archäologie, Geschichte und Literatur insbesondere in Form des mythentradierenden, heldenzentrierten Epos fest, um vor diesem Hintergrund die Wirklichkeitsdarstellung in diesen Disziplinen zu problematisieren und ihre Abneigung gegen die Ästhetik sowie deren Repräsentationsregeln zu formulieren: *Wie [...] könnte ein Autor gegen die Gewohnheit angehn (die den Anforderungen der Zeit nicht mehr entspricht), Geschichte als Heldengeschichte zu erinnern? Die Helden sind auswechselbar, das Muster bleibt. Auf diesem Muster entwickelte sich die Ästhetik.* (VeE 150; 117[2])

Der Ambivalenz des Mythos als verschriftete Mündlichkeit sowie dem hierin wurzelnden Potential für eine Schreibende, welche sich in den durch die Jahrhunderte eingeschliffenen Schreibpostulaten und -gewohnheiten nicht wiederzuerkennen vermag und der Singularität des Erlebens eine Sprache zu finden sucht, wurde nachgefragt. Zwei einander gegenläufige Bewegungen konnten im Mythenumgang Christa Wolfs identifiziert werden. **Der Kritik am literarisierten Mythos** und dessen verfestigender Wirkung hinsichtlich eines bestimmten Musters von Geschehen und Spannung, von handelnden Helden und

---

[1] Blumenberg in Fuhrmann: *Terror und Spiel*, 29.
[2] Cf. auch ebd. u.a. 69; 53: *Und auch die **Geschichte der Archäologie** wäre, bis weit in unser Jahrhundert hinein, als männliches **Heldenepos** zu erzählen, [...] aus dem Selbstverständnis ihrer Protagonisten heraus.* (Herv.v.m.)

'verhandelten' Frauen wird eine positive Anerkennung des im Mythos ebenso lebendigen **Sprechens Einzelner** entgegengesetzt. Diese Zweideutigkeit, die im Mythos selbst angelegt ist, korrespondiert denn auch mit dem von der Autorin praktizierten ambivalenten Mythenumgang, der sich einerseits als **Entmythologisierung** und andererseits als **Remythologisierung** entfaltet.

In diesem Kontext wurde Christa Wolf in einer Tradition der Geschichtshinterfragung lokalisiert, welche das von der Historiographie und einer Literatur, die unter Berücksichtigung bestimmter Ästhetik-Schablonen Wirklichkeit darstellt, Verschwiegene problematisiert. Unbehagen gegenüber der Wirklichkeit und etablierten Umgangsweisen mit dieser, Ungenügen gegenüber der Möglichkeit, sich in den gewohnten Bahnen schreibend zu bewegen, bilden hierbei Strömungen, in welchen die Autorin auf den Mythos zutreibt.

In der Auseinandersetzung mit ihm in Gestalt des Kassandra-Mythos und in der lebensweltlichen Verortung der in ihm erzählten oder auch nur anklingenden Geschehnisse, wie sie in den *Voraussetzungen einer Erzählung* eingefangen wurden, erwähnt Christa Wolf die hier angestoßene Veränderung ihres *Seh-Raster[s]* (VeE 8; 8). Dieses nun betrachtet nicht allein die Geschichte mit einem anderen Blick, sondern auch die dieser erwachsene gegenwärtige Wirklichkeit, indem es den *Möglichkeitssinn*[3] für beide aktiviert. Statt diesen nun ausschließlich in der Sensibilisierung Christa Wolfs für die in Historiographie und Literatur im engen Wortsinn latente Problematik von Frauenleben und -schreiben zu fassen,[4] wurde versucht, ihn in seiner Nähe zur Genealogie Michel Foucaults zu beleuchten. Der Versuch von Foucault, mittels der Genealogie die Selbstverständlichkeiten täglichen Zusammenlebens und die in diesem wirksamen Mechanismen in ihrer Nicht-Selbstverständlichkeit und Herkunft offenzulegen, spiegelt sich insbesondere in den *Voraussetzungen zu einer Erzählung*, welche die Entstehungsgeschichte von *Kassandra* illustrieren, wider. Christa Wolf aktiviert in diesem Kontext die Gleichzeitigkeit von **Historizität** und **Ahistorizität des Mythos**,[5] sein Schwingen zwischen Wiedergabe und Fiktion von Wirklichkeit, um einer an Kontinuität, Linearität, tatsächlich-äußerlichen Geschehnissen orientierten Geschichtsschreibung die

---

[3] Musil: Mann ohne Eigenschaften (MoE), 16.
[4] Hierfür möchte ich auf Gerdzen/Wöhler und die entsprechenden Ausführungen z.B. bei Nicolai (37-54), Maisch (43ff.) verweisen.
[5] Cf. Levi-Strauss: Strukturale Anthropologie. Frankfurt/M.: Suhrkamp 1967, 230; zit. n. Roser 21.

Verknüpfung von ihrem Geschichtserleben, welches doch zunächst immer ein singuläres Erleben von unmittelbar gegenwärtiger Wirklichkeit ist, und dem Versuch, dieses nun ihrerseits herzuleiten und zu begründen, entgegenzusetzen.

Das **Geschichte-Schreiben** vermag im **Geschichten-Erzählen**, wie es der Mythos ermöglicht, aufgefächert zu werden. Insofern die Mythen ein Reservoir von Erzähltem darstellen, in dem sich gegebenenfalls auch wirkliche Ereignisse widerspiegeln, impliziert deren Wiederbelebung einen anderen Blick auf ebendiese Ereignisse sowohl für den erneut Erzählenden als auch für dessen Rezipienten. Die von Christa Wolf erstrebte *Rückführung [sc. Kassandras] aus dem Mythos in die (gedachten) sozialen und historischen Koordinaten* (VeE 142; 111) und die hier aufklingende Historisierung wurde denn auch als eine Möglichkeit herausgearbeitet, das von der Geschichtsschreibung suggerierte Geschichtsbild anders zu tönen mittels der dem Mythos als einer literarischen Form immanenten Imagination: Der Mythos bildet einen der ersten uns bekannten, da uns überlieferten Versuche, ein bestimmtes Erleben und zugleich Deuten von Wirklichkeit in Sprache für andere nachvollziehbar aufleben zu lassen. Dies verbindet ihn auch noch mit heutiger Literatur. Indem Christa Wolf der Konventionen, wie sie einer bestimmten Weltsicht, einer bestimmten Erwartungshaltung gegenüber dem Erzählenden und/oder Schreibenden entwachsen, eingedenk ist, verliert auch die Literatur ihren Selbstverständlichkeitscharakter: Anderes Erleben fordert zu anderer Darstellung heraus. Andere Erfahrungen verlagern die Akzente in Neugierde und deren Befriedigung. So gestaltet sich die Annäherung Christa Wolfs an die Mythen-Gestalten ein jedes Mal mit Fragen, die Antworten nur im coniunctivus potentialis finden können und dennoch nicht weniger wahrscheinlich sind als die Darstellungen bei Homer, Euripides und anderen: *Welchem Volk hat Kassandra angehört? [...] Welches ist ihre Muttersprache?* (VeE 25; 19) *Wie, auf welche Weise geschah es ihr, das Zusammenbrechen aller Alternativen?* (VeE 18; 15) Oder: *[I]n welche Zeit ist [Medea] gestellt?* (VzT 61) *Wie ist sie so geworden, was hat ihr den Boden unter den Füßen weggezogen, da es doch die schlichte Untreue des Jason nicht gewesen sein kann[?]* (VzT 44)

Im ersten Kapitel wurde somit versucht, die Verschränkung von Mündlichkeit und Schriftlichkeit, welche die früheren Arbeiten Christa Wolfs und ihren Umgang mit dem Mythos kennzeichnet, herauszuarbeiten und innerhalb des Begriffspaares **Mythisch – Mythos** zu verankern. Das Bemühen der Autorin um ein dem singulären Erleben angemessenes Schreiben, wie es sich im Erinnern, im Sprechenlassen Einzelner geriert, verlangte vor diesem Hintergrund an einen bestimmten Umgang mit Wirklichkeit, sei sie vergangen oder noch gegenwärtig, zurückgebunden zu werden. Denn in diesem wurde die Motivation sowohl für die Problematisierung von Geschichte als auch der Ästhetik erkannt.

Wie schon weiter oben angedeutet, wurde innerhalb der Interpretationen dieser Arbeit vermieden, ausschließlich geschlechterspezifische oder politische, den Roman *Medea. Stimmen* in eine Ost-West-Schablone pressende Akzente zu setzen. Beide Interpretationskapitel leitet daher jeweils ein Vorspann ein, welcher das Umfeld meiner Betrachtungen sondiert und auch die jeweiligen Blickvertiefungen begründen soll.

So konzentrierten sich diese für **Kassandra** auf das Paradoxon einer Seherin, welche jedoch erst Sehen lernen muß. Ihre Verständigungsschwierigkeiten nicht allein mit anderen, sondern vor allem mit sich selbst, wurden zu skizzieren versucht, wobei jene ihrer Erinnerungsspuren zur Entstehung einer der Helden und des Krieges bedürftigen Gesellschaft vernachlässigt bzw. nur aufgegriffen wurden, insofern sie die Hartnäckigkeit ihrer Selbst- und Fremdbilder sowie deren Erschlaffen illustrieren. Der im ersten Kapitel angeknüpfte Gedanken-Strang zur Veränderung des *Seh-Rasters* und deren Konsequenzen für die Wirklichkeit hinsichtlich ihrer Aufsplitterung in unzählige Gleichzeitigkeiten und diesen jeweils immanente Möglichkeiten, wurde hier für Kassandra weitergeführt. Diese konfrontiert die Lesenden mit ihren Schwierigkeiten einer Anerkennung von Pluralität und deckt deren Ursachen in einer verinnerlichten Loyalität gegenüber den Menschen und den durch diese gewirkten Strukturen des Zusammenlebens, mit denen sie durch Geburt und Kindheit verflochten ist, auf.

Sowohl hier wie in *Medea. Stimmen* begegnen wir Einzelnen, welche erzählen. In beiden Texten wird das im Mythos tradierte Bild von Menschen aufzubrechen versucht, indem diese Menschen selbst aus dem Mythos heraus mit **ihren** Worten eine Art Gegenbild – Gegendarstellung – entwerfen. Wird nun schon in der früheren Erzählung die Abhängigkeit unseres Wirklichkeitssehens und -wissens von der Sprache thematisiert, so wirkt diese Einsicht für *Medea. Stimmen* konstitutiv. In diesem Roman wird die Verflechtung von Sprache und Wirklichkeit einsehbar. Die in dieser gründende Parallelität von Manipulation und Verstellung wird mit der Möglichkeit, ebendiese

Instrumentalisierungen aufzudecken und die Einblicke in die Wirklichkeit, d.h. aber auch die Wirklichkeit selbst, zu weiten, kontrastiert.

Auch in der Interpretation von *Medea. Stimmen* wurde der hier auflebende Übergang von einer eher matriarchal strukturierten Gesellschaft hin zu einer ausschließlich der öffentlichen Formung durch die Männer überlassenen kaum gestreift. Ebensowenig wie für Kassandra vermochte der Medea Lauf durch die Jahrhunderte auf Grund des engen Rahmens dieser Arbeit umrissen zu werden. Stattdessen kristallisierte sich bei einer näheren Beleuchtung des Textes sein Kreisen um das von Christa Wolf so benannte kompositorische Zentrum, *daß viele frühe Städte auf ein Verbrechen gegründet sind* (VzT 54) als entscheidend und Wege weisend heraus. Der Modellcharakter des Mythos für die Autorin,[6] welcher auch einer bestimmten Zeitgebundenheit enthebt, wurde hier nicht allein in der Darstellung differierender Wirklichkeitswahrnehmungen und deren Folgen für eine Einzelne geortet, sondern auch in der Herausarbeitung des Wechselspiels von Macht und *homo sacer*. Das Fundament des in vielen Interpretationen und Kritiken betonten, von Christa Wolf selbst suggerierten Sündenbock-Motivs in einer Behandlung des Menschen als *homo sacer* wurde aufzuzeigen versucht. Die Impulse für eine derartige Betrachtung ergaben sich aus der Durcharbeitung des Buches *Homo sacer. La nuda vita e il potere sovrano* von dem italienischen Philosophen **Giorgio Agamben**, dessen Übersetzung beim Suhrkamp-Verlag vorbereitet wird.[7]

Dessen Um-Deutung des ambivalenten Wortes *sacer – heilig; verflucht –* aus der religiösen in die politische Sphäre sowie seine Herleitung des Politischen aus der in der Definition des *homo sacer* angelegten besonderen Beziehung desselben zur Macht bildeten die Voraussetzung, den Roman gleichsam im Sinne einer literarischen Illustration dieses Verhältnisses zu deuten. Das Ausgeliefertsein von Menschen mit ihrem Leben an andere, wie es schon in folgender enigmatischer Bestimmung des *homo sacer* innerhalb des archaischen römischen Rechtes festgehalten ist und wie es Agamben in seinen Wandlungen durch die Zeiten bis in die gegenwärtige hinein verfolgt, vermochte auch in Christa Wolfs Roman als Reibungen und Konflikte fundierendes Moment identifiziert zu werden: *At homo sacer is est,* **quem populus iudicavit ob maleficum***; neque fas est eum immolari, sed qui occidit, parricidi non damnatur; nam lege tribunicia prima cavetur*

---

[6] Cf. VzT 62/63: *Denn das meiste, was Sie in dem Buch finden, [...] ist erfunden. Es sind Modelle, die in dem Buch vorgestellt werden.[...] – So war es bei 'Kassandra' auch.*

[7] Daher habe ich hier wie in anderen Fällen, wo ich italienische Autoren, die noch nicht in deutschen Übersetzungen vorliegen, zitiere, immer den Original-Wortlaut neben meiner Übersetzung wiedergegeben. Dies gilt auch für die Zitationen Foucaults.

<si quis eum, qui eo plebei scito sacer sit, occiderit, parricida ne sit>. [...] – Homo sacer aber ist derjenige, den das Volk auf Grund eines Vergehens verurteilt hat; es ist nicht erlaubt, ihn zu opfern [sc. den Göttern], aber wer ihn tötet, wird nicht wegen Mordes verurteilt werden; denn schon in dem frühen tribunizinischen Gesetz wurde verfügt, daß <wenn jemand denjenigen töten wird, welcher auf Beschluß des Volkes heilig ist, dieser kein Mörder ist>. [...][8]

Das in die Macht integrierte Recht, auf das Leben anderer einschränkend oder gar vernichtend zuzugreifen – *vitae necisque potestas* –, mit dem Medea ihre Mitmenschen konfrontiert und dessen Anwendung sie schließlich an sich erfährt, leitet Agamben aus dieser frühen Zwischenstellung, d.h. der Ausgeschlossenheit eines Menschen aus der göttlichen und der menschlichen Sphäre, her. Diese Rechtspraxis wurde jedoch auch hier nicht allein im textinternen Handlungsgeschehen lokalisiert. Denn die in den Stimmen reflektierte Erstarrung noch lebendiger Menschen in Geschichten und Legenden, ihre Idolisierung mittels Sprache und die hieraus erwachsenden Konsequenzen, deren eine der bekannte Medea-Mythos selbst darstellt, können als eine 'Spielart' jenes Rechtes gewertet werden. Die Ausführungen des dritten Kapitels suchten denn auch, die Wiedergabe dieser Mechanismen im Roman Christa Wolfs aufzuzeigen.

Schon diese kurze Skizzierung der Umgangsweisen Christa Wolfs mit dem Mythos sowie der von diesen her sich öffnenden Möglichkeiten für Lesende, *Kassandra* und *Medea. Stimmen* zu interpretieren, verdeutlicht, daß jenes Moment der *Distanzierung* vom Schrecken einer unerkannt-unbekannten Welt, der Entschüchterung gegenüber den rätselhaften Unbestimmtheiten der Natur und ihrer Eingriffe in das Leben der Menschen, wie es Blumenberg in seinem Buch *Arbeit am Mythos* als ein ursprünglich die Hinwendung zum Mythos bestimmendes herausmodellierte,[9] bei Christa Wolf eine Umkehrung der Intention erfahren hat. Die in einer militärisch und ideologisch hochgerüsteten Welt des 20. Jahrhunderts sowie im Umgang der Menschen miteinander erlebte aktualisierte Beängstigung verlangt einen anderen Umgang mit Fragen nach möglichen Ursachen hierfür. Die Gefährdung der Menschen ist als eine von diesen provozierte erkannt. Sie bedingt, statt der mittels Göttern hergestellten Mittelbarkeit menschlichen Tuns und Lassens, die Unmittelbarkeit und die Eindringlichkeit der Fragen an jene, die die Menschen die Verzichtbarkeit auf Götter und göttliche Erklärungsmuster lehrten, d.h. an die

---

[8] Agamben 79; Herv. v. m..

Menschen selbst. Der Mythos bietet bei Christa Wolf nicht länger einen Raum für *Distanzierung*, sondern in ihrer Weise läßt er die Zeit in ihrer meßbaren Ausdehnung zusammenschmelzen zu jener **Nähe**, da die Gestalten des Mythos den Lesenden wie aus einem Spiegel entgegentreten.

I. MYTHOS – Schwelle zwischen Mündlichkeit und Schriftlichkeit

Es entstand auf diese Weise ein unendliches System von Zusammenhängen, in dem es unabhängige Bedeutungen [...] überhaupt nicht mehr gab; das scheinbar Feste wurde darin zum durchlässigen Vorwand für viele andere Bedeutungen, das Geschehende zum Symbol von etwas, das vielleicht nicht geschah, aber hindurch gefühlt wurde, und der Mensch als Inbegriff seiner Möglichkeiten, der potentielle Mensch, das ungeschriebene Gedicht seines Daseins trat dem Menschen als Niederschrift, als Wirklichkeit und Charakter entgegen. (Musil, MoE, 251)

Spannweite des Mythen-Horizontes und Orientierungsansätze für Christa Wolf

Eine der Benennungen des *Wortes* in griechischer Sprache – ο μυθος – tastete sich durch die Zeiten hindurch bis zu uns, die wir ihn zu erkennen glauben in jenen alten, in der Schrift überdauerten Erzählungen, Sagen, Märchen von Göttern, Helden, Schöpfungen des Himmels wie der Erde und ihrer Phänomene.

Jedoch eignet dem Mythos, insofern *es sich [bei ihm] um gesprochene Rede beliebigen Inhalts handelt*[10] vor allem *Unabhängigkeit von lokalen und epochalen Bedingungen*,[11] welche sich sowohl im Erzählen als auch im Erzählten widerspiegeln kann. Das griechische μυθον μυθεισθαι *besagt, eine nicht datierte und nicht datierbare [...] Geschichte zu erzählen.*[12]

Dies nun findet sich bestätigt und illustriert in der Jahrhunderte währenden Ausstrahlungsmacht der Mythen: Zu allen Zeiten wurde in ihnen ein Sprechen über Wirklichkeit bei einem gleichzeitigen Sich-Entziehen hinsichtlich des festlegenden Zugriffs durch diese Wirklichkeit erahnt. Denn mit der versunkenen Entstehungszeit der Mythen verschloß sich den nachfolgenden Generationen auch ihre damalige Geltung, so daß ihnen 'allein' Richtung und Weite eines möglichen Deutungshorizontes jener frühen Literatur abzuschreiten offen blieb und bleibt. Das Interesse, welches die Mythen zu allen Zeiten

---

[9] Cf. Blumenberg 9ff.
[10] Lexikon der Alten Welt; Stichwort *'Mythos'*, Spalte 2047: *Im Worte Mythos (μυθος) liegt zunächst nur, daß es sich um gesprochene Rede beliebigen Inhalts handelt.*
[11] Blumenberg 165.
[12] Ebd..

erregten, hob sie gleichsam aus ihrer Gebundenheit an eine bestimmte Zeit (ihrer Entstehung) heraus und ließ sie geschmeidig werden für (Ver-)Formungen.
Hierbei lassen sich diverse Umgangsweisen späterer Zeiten mit den ihnen tradierten Mythen erkennen. Wird die eine vom *Bemühen [getragen], den Geist der [jeweils] eigenen Zeit in den myth[ischen] Erzählungen wiederzufinden*,[13] um schließlich in eine Instrumentalisierung der Mythen beispielsweise als Legitimationsbasen einzumünden, so spiegelt sich in einer anderen der Versuch, die eigene Zeit mittels dem Mythos entnommenen Figuren sowie Handlungs- resp. Geschehensmustern zu deuten. Eine Äußerung Christa Wolfs zum Mythos als *Modell, das offen genug ist, um eigene Erfahrungen aus der Gegenwart aufzunehmen, das einen Abstand ermöglicht, den sonst nur die Zeit bringt*,[14] scheint ihre Beschäftigung mit den Mythen in den zweiten Rahmen einzuordnen. Jedoch wird ein aufmerksamer Blick eine Vielschichtigkeit des Umgangs der Autorin mit den Mythen offenlegen, welche dieses Schema durchbricht.

Indem die Mythen aber ihre Stimmen resp. ihre Schreiber nicht allein in Gesellschaften fanden und finden, die stärker als die Moderne durch ihre Traditionen bestimmt und strukturiert werden, stellen sie beharrliche Begleiter menschlichen Wirklichkeitsbegegnens dar, welche ihr Immer-wieder-Erzählen im Wandel der Blick- sowie Denkperspektiven geradezu herauszufordern scheinen.

Daher vermögen sie auch nicht in den oben schon angeklungenen drei Mythen-Arten gebündelt zu werden[15], insofern sie den *Qualitäten des Seins als [...] Ganzheit*[16] Ausdruck sowie Fundament zu verleihen suchten und suchen.

Es soll an dieser Stelle jedoch im Ungeklärten verbleiben, inwiefern die Erschließung eines so umfassend gespannten Problematisierungspotentials für die Mythen sowie ihrer Inhalte, wie es auch diese Ausführungen fundiert, nicht ein Produkt des Umgangs späterer Zeiten mit ihnen darstellt.

Werden die Mythen als erste Versuche gedeutet, den Bedürftigkeiten der Menschen, ihrem Angewiesensein auf Sinn und Sicherheit, auf die Gültigkeit bestimmter Werte in der

---

[13] Lexikon der Alten Welt, Stichwort *Mythologie*, 368.
[14] HA 164: Von Kassandra zu Medea.
[15] Cf. Schuscheng 267. Sie zitiert mit Peter Kobbe: Mythos und Modernität. Eine poetologische und methodenkritische Studie zum Werk Hans Henny Jahnns. Stuttgart, Berlin, Köln, Mainz, 1973 (Studien zur Poetik und Geschichte der Literatur, 32) drei Mythenarten für antike Gesellschaften: a) Ursprungs-, Schöpfungsmythen (Theogonien, Kosmogonien), die mit der Entstehung der Welt auch deren Ursachen zu erklären suchen; b) Göttermythen; c) Heldenmythen.
[16] Cf. ebd., 32 zit.n. Kolakowski, Leszek: Die Gegenwärtigkeit des Mythos. München, 1983, S. 13.

Welt zu antworten, so läßt sich auch ihre heute noch lebendige Anziehungskraft von diesem Grund her fassen.

Auch unserer Gegenwart reichen sie eine der Möglichkeiten, uns, unsere Umwelten und *wie etwas überhaupt daseinsbestimmend sein kann*[17] wahrzunehmen.

In unserem Mythen-Verständnis kommt dabei der *Konstanz [ihres jeweiligen] Kernbestandes*[18] durch die Rezeptionen der wechselnden Jahrhunderte hindurch besondere Bedeutung zu. Dies bedingt, daß wir fast immer mit dem Wort 'Mythos' in einem literarischen Kontext die antiken Mythen, insofern alle späteren Gestaltungen derselben noch auf sie als die ältesten, als die "Ur-Bilder" mythischer Figurationen und Handlungen zurückweisen, assoziieren.

Denn besonders die Homer zugewiesenen Epen und die in den griechischen Tragödien von Sophokles, Euripides, Aischylos sowie von Ovid in seinen *Metamorphosen* dargestellten mythischen Geschehnisse standen seit der Renaissance im besonderen Lichte der Aufmerksamkeit. Immer wieder zitiert, rezipiert, interpretiert und umgestaltet, wurde ihnen eine eigene Art von Langlebigkeit zuteil, welche Situationen, Konfigurationen, Tun und Leiden für das Wissen auch späterer Jahrhunderte zugleich voraussetzte und sicherte, so daß besonders diesen Mythenerzählungen der Rang von Vorlagen zuwuchs.

Den Versuch, diese Vorlagen jedoch wiederum als Varianten, d.h. als "Spätfrüchte" innerhalb der menschheitlichen Entwicklung zu identifizieren, unternimmt Hans Blumenberg in seinem 1979 erschienenen Buch *Arbeit am Mythos*. Hierbei vermag er in den schon durch Strukturalismus und Ethnologie im Gefolge der von Leví-Strauss gewiesenen Bahnen die Gleichberechtigung einer schriftlosen Kultur neben einer schriftlichen sowie deren Bedeutung für den Mythos herauszuarbeiten: *Es muß schon ein Augenblick der Ermüdung [...] gewesen sein, als sich Homer – oder wer immer und wieviele dies gewesen sein mögen – hinsetzte oder einen Schreiber sich setzen ließ, um das ihm vielleicht bedroht erscheinende Spätgut der von Platz zu Platz weitergetragenen Geschichten und Gedichte* **niederzuschreiben** *und damit* **endgültig zu machen.**[19]

Ermüdung, Angst vor Untergang und Verlust bilden in der Sicht Blumenbergs den Antrieb, die im Erzählen lebenden Worte, οι μυθοι, zu fixieren.

---

[17] Blumenberg 86.
[18] Ebd., 165.
[19] Ebd., 168; Herv.v.m..

Hilft nun einerseits die das Gedächtnis ablösende, verdrängende **Schrift** das ihr Anvertraute über die Jahrhunderte hinweg zu uns "sprechen" zu lassen, so bildet sie andererseits eine Perspektivenfalle hinsichtlich des eingefangenen Geschehens und der in diesem Wirkenden. Deren Problematisierung nun bestimmt die Annäherung Christa Wolfs an die Mythen und an deren auch in unsere Gegenwart integrierte Bilder. Ihre Auseinandersetzung mit Kassandra wird durch die Frage an- und vorwärtsgetrieben: *Wer war Kassandra, ehe irgendeiner über sie **schrieb**?* (VeE 162; 127; Herv.v.m.) Untergründig schwingt hier die von Christa Wolf später explizit benannte Voraussetzung mit, daß eine historische Kassandra[20] existierte. Allerdings ließe sich die Frage auch umkehren: Gab es Kassandra, 'bevor' jemand über sie schrieb? Tatsächlich scheint der Umgang der Autorin mit Kassandra eher dieser Frage entwachsen, da sie den Mythos zunächst als ein Zeichen, dessen mögliche Sinnpotentiale, damals und heute, sie ausgraben will, entziffert.

Das im Dialog mit Kassandra geschärfte Mißtrauen gegenüber einer als patriarchal erkannten schriftlichen Mythentradition[21] läßt sie hingegen mit einem anders akzentuierenden Blick hinter das von Euripides geprägte Medea-Bild schauen: *Doch werde ich [...] zeigen müssen, aus welchen Gründen und in welcher Weise sie, die Heilerin [...], auf deren Rat und auf deren Stimme es ankam, nach und nach und am Ende rasend schnell umgeformt wird [...].* (VzT 47) Es gilt von neuem, die innerhalb der abendländischen Kultur nahezu ausschließlich männliche Vermittlung von Geschichte, Literatur, Philosophie aufzubrechen und hinter die in ihr festhängenden Bilder zu schauen.

In diesem Sinne schrieb Christa Wolf sich schon mit ihrer Erzählung *Kassandra* in die Nähe einer von Georges Duby sowie Michelle Perrot allerdings erst Ende der 80iger Jahre entworfenen *Geschichte der Frauen*, welche in ihren Grundzügen mit der allmählichen, umkämpften, durchaus nicht selbstverständlichen *Übernahme des Wortes* durch die Frauen gleichgesetzt wird: *La storia delle donne è, in certo modo, quella della loro assunzione di parola.*[22]

Das bei Christa Wolf begegnende **Hinterfragen der Schrift** in Form etablierter **Überlieferung** und Wort-**Bilder**, welches in den *Voraussetzungen zu einer Erzählung* in eine Absage an Traditionen des Schreibens, an Poetiken jeder Art eingebettet ist, tritt

---

[20] Cf. VeE, 183; 144: *Vielleicht war Kassandra "in Wirklichkeit"* – *ich bitte Dich, kein Einwand, es gab sie! – [...]?*
[21] Cf. VzT, 59, im Gespräch nach der Medea-Lesung im FrauenMuseum Bonn : *[S]eit ich über Kassandra gearbeitet habe, ist mir ganz klar, daß die Geschichte des Patriarchats die Geschichte der Frauen aus der Mythologie umgeformt hat, daß das Patriarchat die Mythologien verändert hat [...].*

somit in unmittelbarer Verbindung mit einer **Infragestellung der Geschichte** selbst bzw. der in deren Darstellungen sich spiegelnden **Wirklichkeit** hervor. Beide Aspekte sind miteinander verflochten und bilden die Grundlinien in der Mythenrezeption Christa Wolfs, welche sich auch in ihrem zehn Jahre nach *Kassandra* und den *Voraussetzungen zu einer Erzählung* erschienenen Roman *Medea. Stimmen* abzeichnen.

Einem ersten oberflächlich streifenden Blick mag die in den *Voraussetzungen* vermittelte kritische Auseinandersetzung einer Schreibenden mit ihrem eigenen Arbeits- und Lebensmedium seltsam erscheinen. Jedoch wurzelt gerade in der Skepsis gegenüber einer Sprache, die im Moment ihrer Fixierung an und durch allgemeine Normen gebunden ist, gegenüber ihrer potentiellen Mißbrauchbarkeit, welche durch diese Normen gleichzeitig versteckt wird, und schließlich gegenüber der Abhängigkeit vor allem der geschriebenen, öffentlichen Sprache von jenen, welche die Normen setzen, die **Hinwendung zum Mythos**. Hierbei muß jedoch berücksichtigt werden, daß nicht die Schrift als solche, sondern eine bestimmte Art von Schrift, wie sie einer bestimmten Verwendungsweise derselben erwächst,[23] von Christa Wolf in ihrer Problematik während der Vorlesungen entfaltet wird. Allein vor diesem Hintergrund vermag in einer schriftgewachsenen Kultur gleich der europäischen die Bedeutung verstanden zu werden,[24] welche ihre Weigerung impliziert, ein Poetik-Konzept zu entwerfen, um auf diese Weise dem Modell einer theoretisch begründeten Schreibweise zu folgen, sondern statt dessen ihr eigenes Schreiben in der größtmöglichen Nähe zur gesprochenen Sprache zu verorten.

Wenn auch der Mythos für Christa Wolf schon in jener Ambivalenz der gesamten Literatur steht – zwischen deutender Verzerrung der Wirklichkeit[25] einerseits und der Möglichkeit, die *wirklichen Mitteilungen über menschliches Zusammenleben* (VeE 84; 64f.) zu bewahren und zu vermitteln andererseits –, so wird doch gleichzeitig seine Besonderheit erkannt und befruchtet.

---

[22] Storia delle donne: L'Antichità, p. VIII: *Die Geschichte der Frauen ist in bestimmter Hinsicht die ihrer Übernahme des Wortes.*
[23] Cf. auch Waldenfels 44: *Was der Schrift entgegensteht, ist nicht die Schrift als solche, sondern es sind, wie schon bei Platon, Schriften bestimmter Art.*
[24] Cf. auch Glau 154, welche die *imitierte Mündlichkeit* in *Kassandra* jedoch allein auf die Verwahrung Christa Wolfs gegen eine *Verfestigung ästhetischer Gewohnheiten* zurückführt.
[25] Cf. VeE, 88; 67: *Daß es kaum Dauerhafteres gibt als die Rituale, die der Erzähler je nach Bedarf umzudeuten hat [...]*

Diese entsteigt seinem Schwellensein zwischen Mündlichkeit und Schriftlichkeit als frühes Zeugnis einer siegreichen Kultur, in welchem sich jedoch schwache Abdrücke jener anderen, verlorenen erahnbar bewahrten.[26] Diese Kultur aber, welche als die griechische im allgemeinen positiv mit der 'Wiege des Abendlandes' gleichgesetzt wird, und deren von ihr angestoßene Bewegungen noch im Denken sowie Verhalten unserer Zeit mitschwingen, wird durch die Erfahrung einer von Aufrüstung und Krieg bedrohten Gegenwart in ein besonders brisantes Licht gestellt. Indem Christa Wolf ihren wachgerüttelten Ängsten nachfragend das Beginnen dieses Denkens und seine Herkunft auszuloten strebt, tritt ihr der Kassandra-Mythos als 'Tonträger' längst verschollenen Lebens zunächst in der Gestaltung des Aischylos wegweisend zur Seite.

Der Mythos in seiner ursprünglichen Verschmelzung mit der Mündlichkeit, mit seiner ursprünglichen sinnlich-lebendigen Anwesenheit des Erzählers im Erzählen scheint in der nun einsetzenden Annäherung Christa Wolfs an die in ihm aufbewahrten Figuren jene Pforten wieder freizugeben, um aus der schriftgewobenen, ausschließlich im *Koordinatensystem von Raum und Zeit* (VeE 149; 116) ausgerichteten Umklammerung der offiziellen Geschichte sowie der von ihr bestimmten öffentlichen Denkmuster heraustreten zu können, um *eine andere Form des Gedächtnisses zu aktivieren.*[27] Der Umgang Christa Wolfs mit dem Mythos wird hierbei bestimmt von der schon in ihren früheren Büchern gewiesenen Richtung einer versuchten Herauslösung des Erzählens und Erinnerns aus dem Gespinst von Linearität und Objektivität, dem wiederum die Logik und mit ihr die Schrift als eine Folge von Zeichen seine Muster vorgeprägt zu haben scheinen.

Den Mythos ernst nehmen bedeutet in diesem Zusammenhang, sich hindurchgleiten zu lassen durch das bislang in der Schrift Gewobene, die Selbstverständlichkeiten der dieser um einer bestimmten Art von Verständlichkeit und Mitteilbarkeit willen zugewachsenen Konventionen aufzubrechen, um das zugunsten der Schrift Verstummte fragend wieder ins Wort zu locken.

Sprache, Tatsächlichkeit und Wirklichkeit: das Doppelpotential des Mythos

In ihrer ersten Vorlesung reicht Christa Wolf ihren Zuhörern resp. Lesern einen Augenblick in Griechenland herüber. Dieses verschließt sich nicht allein mittels der Sprache, sondern auch im Bild derselben, d.h. in der Schrift den Fremden, des Griechischen

---

[26] Cf. VeE, 24; 18: *Woran erinnert sich der Grieche dunkel, wenn er solche Frauen schafft?*
[27] Risse 103.

Unkundigen.[28] Die Sprache wird im Anschluß an diese Szene als Örtlichkeit und zugleich als Voraussetzung zu einer Verortung des Sprechenden identifiziert, wobei gleichzeitig die unmittelbar selbst empfundene Abhängigkeit des Einzelnen vom Wort problematisiert wird: *Aber ist es nicht gerade das Wort, das die Herrschaft über unser Inneres angetreten hat? Macht sein Fehlen nicht, daß ich mir verlorengehe? Wie schnell wird Sprachlosigkeit zu Ich-losigkeit?* (VeE 32; 25) In diesen Fragen schwingt die Einsicht, daß die Sprache der Menschen Sein besetzt, daß keine andere Wirklichkeit als die von den Menschen in der Sprache ausgelegte[29] existiert. Die *Herrschaft* des Wortes impliziert vielerlei: die Abhängigkeit von seinem 'Besitz', die nach zwei Seiten gespannte, zersplitternde Infragestellung sowohl des Sprechenden als auch des Besprochenen bei gleichzeitiger, von Christa Wolf hervorgehobener Fähigkeit zu binden, Einheitlichkeit zu suggerieren. Literatur aber, aus ihrem *Glaube[n] an die Kraft des Wortes* (VeE 33; 25) heraus, wirkt mit an der deutenden Entfaltung von Realität. Auch Christa Wolf als Schreibende bekennt sich zu der hierin wurzelnden *Zentrierung [insbesondere des Abendlandes] um den Logos, das Wort als Fetisch* (ebd.). Die Gleichsetzung der anderen griechischen Bezeichnung für *Wort –* λογος *–* mit dem *Wort als Fetisch*, sein pejorativer Beiklang sowie die gleichzeitige Selbst-Positionierung bei diesem Wort stellen die Autorin in bemerkenswerter Weise auf beide Seiten jenes 'Gegensatzpaares' Mythos–Logos, Phantasie–Vernunft, welches das abendländische Denken kanalisierte.[30]

Das hier aufklingende, scheinbar ambivalente Schwingen der Autorin zwischen einer Suche nach einer authentischen, dem Erleben angemessenen Sprache und einem gleichzeitigen Sprachunbehagen, wie es dem Wissen um die Anfälligkeit der Worte für eine Verabsolutierung durch die Menschen erwächst, verliert jedoch seinen irritierenden Beiklang, wird es zwischen den Polen Mündlichkeit und Schriftlichkeit angesiedelt und

---

[28] Cf. VeE, 32; 24f.: *Um wie vieles mehr sind wir Fremden darauf [sc. die Gesten der Gastfreundschaft] angewiesen, wir, der Worte hier nicht mächtig, unfähig, auch nur Firmenschilder zu entziffern, abhängig von Bildern, Gesten, Gerüchen.*
[29] Cf. Blumenberg 72, wo er das Heilige als *primäre* Auslegung vom Ritus und den Mythos als *sekundäre* Auslegung des Ausgesetztseins des Menschen deutet und in diesem Kontext schreibt: *Aber wir besitzen keine andere Wirklichkeit als die von uns ausgelegte. Wirklich ist sie nur als elementarer Modus ihrer Auslegung im Kontrast zu dem, was von ihr als >un-wirklich< ausgeschlossen wird.* (Herv.v.m.)
[30] Cf. ebd., 239 ff.: B. stellt hier die Herauskristallisierung der Dogmen gegenüber den Mythen dar, wobei das Kriterium der Wahrheit sich als (ent-)scheidend erwies und der Mythos *eine eigentümliche Form der Freiheit [wahrte], die er einem Verzicht auf Wahrheit verdankt* (266). Daher leitet sich auch der besondere Umgang des Mythos mit Fragen und Antworten ab: *Die **Philosophie** hat gegen den Mythos vor allem das rastlose Nachfragen in die Welt gebracht und ihre >Vernünftigkeit< darin proklamiert, vor keiner weiteren Frage und keiner Konsequenz möglicher Antworten zurückzuschrecken. Das **Dogma** hat sich darauf beschränkt, der Fragelust der Grenzüberschreiter Einhalt zu gebieten und das Minimum des*

wird erstere als eine *andere Form der Sprachlichkeit, nicht [...als...] bloße Vorschriftlichkeit*[31] verstanden.
Die unstete Zweideutigkeit Christa Wolfs ist nicht zu trennen von den in Mündlichkeit und Schriftlichkeit jeweils lebendigen Umgangsarten mit Sprache und Wirklichkeit sowie der in Jahrhunderten sich herausgebildeten Ausrichtung unserer Gesellschaften an und in der Schrift.
Schließlich spiegelt sich in ihr auch die Ambivalenz menschlichen Verhaltens zur Wirklichkeit wider. So tritt uns der Mythos aus ihrem Munde einmal *im Sinne falschen Bewußtseins* (VeE 134; 104) entgegen, indem er an der Verhüllung und *Verschleierung der Tatbestände teilhat* (VeE 25; 19). In diesem Sinne liest Christa Wolf auch die *Ilias* als *Verherrlichung eines Raubkrieges* (ebd.), sobald sie um die wirtschaftlichen Hintergründe des troianischen Krieges weiß. Andererseits aber identifiziert sie im positiven Sinn das Lesen Lernen des Mythos mit der Möglichkeit, in *eine[n] anderen Inhalt des Begriffs "Wirklichkeit"* (VeE 75; 57) Einsicht zu nehmen und aus den in Zeit und Konventionen festgefrorenen Wahrnehmungsmustern auszubrechen.
Die zwischen Anführungszeichen gesetzte Wirklichkeit hat hier schon ihren Selbstverständlichkeitscharakter verloren. Die Vielschichtigkeit, das Bewegungsvolle in der Wirklichkeit werden angedeutet. Das Statische, wie es in den scheinbar synonymischen Ausdrücken Realität und Tatsächlichkeit (res – Sache) suggeriert ist, wird im aufblätternden Befragen des Mythos gelöst, da die Frage *wie **kann** es wirklich gewesen sein*[32] aus einem Ungenügen gegenüber dem Dargestellten des 'Tatsächlichen' heraus Antworten fordert. Wirklichkeit wörtlich genommen bündelt in sich schon einen ganzen Komplex von Praktiken und Wirkungen,[33] ein Wirkungsgewebe, welches uns schließlich als Zusammenspiel von Gesagtem und Nicht-Gesagtem in Folge bestimmter 'Regelungen', Bedürfnisse, Interessen verfestigt zu *'wirkliche[n], feststehende[n], unbezweifelbare[n] Sachverhalt[en], Gegebenheit[en], Fakt[a]'*[34] und in einer Zusammenfassung von vielen solcher Gegebenheiten in T**atsäch**lichkeit – **Realität** – entgegentritt. Der von Christa Wolf in ihrer Arbeit am Mythos lokalisierte

---

*Unverzichtbaren auszuzeichnen; [...]. Der **Mythos** läßt das Nachfragen auf den Wall seiner Bilder und Geschichten auflaufen [...].* (Herv.v.m.).
[31] Waldenfels 42.
[32] DA 903: Aus einer Diskussion an der Ohio State University. (Herv.v.m.).
[33] Cf. Etymologisches Wörterbuch des Deutschen. Stichwort 'wirken', 1572: *Wirklichkeit [...], spätmhd. wirke-, würkelichkeit 'Tätigkeit, Wirksamkeit, Aktivität'*.
[34] Ebd. Stichwort 'Tat', 1415.

Entmythologisierungsprozeß[35] scheint daher nicht so sehr den Mythos als vielmehr die auch in ihm erkannte Wirklichkeitsverdrängung bzw. -verfestigung anzugreifen.
Denn die Belebung der *ersten [Frauen-]Stimme [...], die uns überliefert ist*,[36] weist der Autorin den Zugang zu einer Wirklichkeit, die sich im Alltag in einer belagerten Stadt oder auch im Umgang mit Fremden in einer offiziell von Wohlhabenheit und Toleranz getragenen Kultur je nach Erleben vervielfältigt.
Verdrängung innerhalb der Literatur durch die Darstellung mittels *ästhetischer Gewohnheiten*,[37] Verdrängung aus der Geschichte mittels einer an Fakten, d.h. aber einer an Schlachten und anderen öffentlichen Ereignissen ausgerichteten Geschichtsschreibung bilden den innerhalb der *Voraussetzungen* herauskristallisierten Rahmen, in welchem Christa Wolf den Kassandra- und später den Medea-Mythos ortet, um schließlich Herkommen und Wirksamwerden dieser Verdrängungen aufzuzeigen.
In *Kassandra* wird die Konfrontation einer Einzelnen mit *Abtötungstechniken* beschrieben, insofern beinahe jeder der ihr wichtigen Menschen Kassandra die Verleugnung von bestimmten Wahrnehmungen und Bedürfnissen aufnötigt[38] (VeE 114; 88f.). Begegnen wir hier noch den Schwierigkeiten, eine als nicht feststehend erkannte Wirklichkeit zu akzeptieren und mit ihr umzugehen, so führen uns die *Stimmen* des Medea-Romans nicht allein zu den Wurzeln unserer *Verkennung*,[39] sondern auch deren Gründen in unserer Orientierungsnot wird in der Vielstimmigkeit und bleibenden Unsicherheit über das tatsächliche Geschehen um Medea faßbar.

Verlorene Sprache verweist auf verlorene Heimat, endgültigen Ausschluß – im Ineinander der von Aischylos beschriebenen Verschleppung Kassandras in die Fremde und der selbst gelebten *Sprachunmächtigkeit* in Griechenland formt sich auch die Frage *nach dem Zeitpunkt, an dem Heimatgefühl verloren ging* (VeE 34; 26).
Doch zielt das *Legitimations- und Losungswort* (VeE 166; 130f.) 'Kassandra', welches die Wirklichkeit um die Autorin herum in Bewegung setzt und täglich sich erweiternd wanken läßt, auf die Einsicht in einen Ausschluß mittels der Sprache selbst, des *Privileg[s] des Sprechens, des Gehört- und Genanntwerdens* (VeE 50; 38), und den hieraus erwachsenen

---

[35] DA 903.
[36] Ebd..
[37] Glau 154.
[38] Cf. ebd.: *[E]s gibt reale Kräfte in ihrer Umgebung, die je nach Bedarf partielle Selbstverleugnung von ihr verlangen. Sie erlernt Abtötungstechniken [...].*
[39] Cf. Medea. Stimmen 10.

Ausschluß aus der Geschichte, aus der Aufmerksamkeit, dem Wissen, der Wirklichkeitssicht Spätgeborener. In einer Nebenbemerkung hinsichtlich der Willkürlichkeit der Geschichtssetzung durch die Griechen,[40] in der Scheidung von Mythos und Historiographie, da letztere von archäologischen Funden abhängig, hingegen die im Mythos und in aller übrigen Literatur sich noch regende Sprache Zeugnis der *wirklichen Zusammenhänge* (VeE 84; 64f.) menschlichen Zusammenlebens abzulegen vermöchte, im Befragen und lauschenden Abtasten des Verschwiegenen formt sich nun ein anderes Wahrnehmungsnetz heraus, welches sich des vom Mythos über die Zeiten hinweg gereichten Gewebes bedient, um, in der von Foucault für die Genealogie gewiesenen Richtung *Prozeduren der Ausschließung*[41] und *Abtötungstechniken* (VeE 114; 88) auch in der Sprache an die Oberfläche auch unserer Wahrnehmung zu ziehen.

Mythos und Wirklichkeit – schwankende Geschichtswahrnehmung

Auch für die Geschichte als Frucht der Geschichtsschreibung gilt jene Aussage Christa Wolfs zur Ästhetik, daß sie *mindestens im gleichen Maß [...] zu dem Zweck erfunden [ist], sich Wirklichkeit vom Leib zu halten, sich vor ihr zu schützen, wie zu dem Ziel, der Wirklichkeit näher zu kommen.* (VeE 191; 150)

Indem die Autorin mit Nietzsche einer *Umwertung der Werte* (VeE 170; 134[42]), d.h. vor ihrem Interessenhorizont einer Verdrängung von Frauen aus Tätigkeitsfeldern hin zu Nebenfiguren, zu Betroffenen im Rahmen der Kulturentfaltung unter griechischer Ägide, auf der Spur ist, bedarf sie der entschlossenen Abstandnahme und eines Blickes, der sich von Indoktrinationen durch einen bestimmten Begriff von Ästhetik,[43] aber auch von der herkömmlichen Realitätsüberzeugtheit und der Vorstellung linearer Geschichte losgerissen hat. Die Auflösung der einen Wahrheit des Ereignis-Zusammenhanges 'Geschichte' in

---

[40] Cf. VeE, 169; 132: *Geschichte [...], wo die Griechen sie willkürlich angesetzt hatten [...]*
[41] Foucault: Die Ordnung des Diskurses, 11.
[42] So kreisen die Gedanken und Ausführungen Nietzsches beispielsweise in einigen seiner *Nachgelassenen Fragmente* (s. Lit.verz.) um die *Umwerthung aller Werthe* im Zusammenhang der Wirk- und Äußerungsweise des *Willens zur Macht* (z. B. 192ff.; 320): Die Werte, einer bestimmten Kräftekonstellation entsprungen und zu deren Gunsten sedimentiert, bedürfen einer erneuten Reaktivierung, welche sich nur im Sinne einer Umpolung, der eine *Kritik der bisherigen Werthe* (320) vorausgehen muß, gerieren kann. Zieht Christa Wolf auch nicht dieselben Konsequenzen wie Nietzsche, so fragt sie doch implizit: *Was bestimmt [...] eigentlich den obersten Werth?* (321) und klappt die Geschichte auf der Suche nach den unter den Ereignissen verschütteten Wandlungen in Interessen, Denkgewohnheiten, Handlungen und deren Motivationen – Bedingungen – auf.
[43] Cf. VeE 191, wo Christa Wolf *Legitimierungswunsch* und *Zwangsidee, sich anpassen zu müssen oder verschwinden zu müssen,* für über Frauen schreibende Frauen moniert und in Zusammenhang *mit der Indoktrination durch den Ästhetikbe-*
griff, dem wir unterliegen, und der nun allerdings hier zur Diskussion steht, bringt.

mindestens zwei entsprechend den Geschlechtern rückt die Autorin in das von einem besonderen *>historischen[...] Sinn<* in Anlehnung an Nietzsche von Foucault ausgekleidete Spannungsfeld der Genealogie. Einen *zersetzende[n] Blick* hat auch Christa Wolf. Sie findet ihm schließlich in der Polyphonie von *Medea. Stimmen* auch eine mögliche Form seiner Darstellung, auch wenn es ihr dort nicht gelingt, ihn *sich selber auflösen [zu lassen] und die Einheit jedes menschlichen Wesens aus[zu]löschen.*[44] Denn entsprechend der schon bei *Kassandra* aufgeflammten Kritik gegenüber deren souveräner Einstellung sich selbst gegenüber,[45] kann auch in *Medea. Stimmen* als ein *zentrales Ideal der Wolfschen Poetik*[46] die Befähigung von Medea zur Erkenntnis ihrer selbst und anderer geortet werden.

Vermögen daher die beiden das Zentrum dieser Ausführungen bildenden Texte der Autorin im Hinblick auf eine *historische Analyse des Subjektes* im Sinne Foucaults gelesen werden, so bleibt die Autorin doch zugleich dem Glauben an ein schon gegebenes (Erkenntnis-)Subjekt verhaftet. Einerseits bilden somit die *politischen und ökonomischen Existenzbedingungen für sie einen Schleier oder ein Hindernis für das der Erkenntnis fähige Subjekt*, hingegen sie andererseits in beiden Texten zeigt, *wie sich Subjekte aus den sie umgebenden politischen und sozialen Bedingungen herausformen.*[47] Auf diese Weise einigt Christa Wolf paradoxerweise zwei Positionen, die gemäß Foucault einander ausschließen.

Wo aber Geschichts- und Kulturkritik zugleich geübt werden, wo alle bisherigen Paradigmen, insofern sie die gegenwärtige, bislang kaum hinterfragte Realität mit konstituieren und charakterisieren, ins Zwielicht des Zweifels, wenn auch nicht in das der *Hoffnungslosigkeit*, geraten, trotzdem sich im Miteinander der Menschen nur wenig verändert zu haben scheint in 3000 Jahren (VeE 94; 72), wo eine Einklammerung der

---

[44] Für die letzten drei Zitationen: Foucault: Nietzsche,..., 146 & 147: *une sorte de regard dissociant capable de se dissocier lui-même et d'effacer l'unité de cet être humain.*
[45] Cf. Weigel 77ff. und Anm. 126.
[46] Paul 235.
[47] Cf. Foucault: La Verità ..., 96: F. stesso intende di dimostrare *come [...] le condizioni politiche ed economiche dell'esistenza non siano un velo o un ostacolo per il soggetto della conoscenza, ma ciò attraverso cui si formano i soggetti di conoscenza [...].– F. selbst will zeigen, wie [...] die politischen und ökonomischen Bedingungen der Existenz kein Schleier oder Hindernis für das Erkenntnissubjekt sind, sondern das, mittels dem sich Erkenntnissubjekte ausformen.* & 87: *In Nietzsche si trova effettivamente un tipo di discorso che fa l'analisi storica del soggetto stesso, [...] – senza mai ammettere la preesistenza di un soggetto della conoscenza. – In Nietzsche findet man tatsächlich eine Art von Diskurs, welche eine historische Analyse des Subjektes selbst unternimmt, [...] – ohne jedoch jemals die Vorexistenz eines Erkenntnissubjektes anzunehmen.*

gesamten bisher gedeuteten Wirklichkeit nahegelegt wird, da scheint ein Rückgriff, eine Berufung auf das Fernste noch Halt zu bieten für die Deutung der eigenen Situation. Das bisherig-gewöhnliche, den Blick zurück in die Antike und deren Vorzeit bestimmende Wunschdenken als Praxis und Methode wird jedoch ausgeschlossen: *Alles, was wir nicht leisten können, sollte ihnen möglich gewesen sein.* (VeE 77; 59) Dabei ertappte auch Christa Wolf sich in ihrem Sehnen, wenigstens in einer Vorzeit ein *Gelobtes Land* zu wissen (VeE 86; 65). Woher aber erwächst uns dieses Bedürfnis nach einem Landeplatz in der Vergangenheit für höchst gegenwärtige Wünsche und Hoffnungen? Was färbt den Blick auf die Zeugnisse dieser Vergangenheit so rosig, so daß wir sehen, was wir sehen wollen? Woher diese beständige Fluchtbewegung?

Es sind dies Fragen, deren Antwort Christa Wolf in der Parallele oder vielmehr in der Verbundenheit zwischen Gestern und Morgen – dem Angewiesensein der Menschen auf ein ihre Bedürfnisse (unter)stützendes Werte-Gerüst – lokalisiert.[48] Die Diffusion, das Verschwimmen möglicher Bezugsfelder innerhalb einer Gesellschaft, die um sich wuchernde Anonymität, welche auch die Schreibende mit einer in der zerbröckelten Reichweite wurzelnden Unangemessenheit ihrer *Worte vor den Erscheinungen, mit denen wir es jetzt zu tun haben* (VeE 110; 85), konfrontiert, scheint eine Flucht zurück zu den 'festen' Werten zu begünstigen. Christa Wolf aber verwahrt sich gegen eine ihre Auseinandersetzung und ihren Dialog mit dem Mythos in diese Richtung weisende Interpretation, denn gerade die Mythen erzählen anders, ist jemand bereit, sie wahrzunehmen.

Schichtungen: Mythisch – Mythos – Mythologie – ein theoretischer Begründungsversuch

Der Wille zum Ausloten einer anderen Art der Geschichtserkundung, erwachsen aus einem elementaren Mangelempfinden einer schreibenden Frau sowohl gegenüber den in der Historie als auch in der Literatur bisher gewachsenen und gepflegten Traditionen, weist gleichsam automatisch hinweg von den schon beschrittenen Bahnen. Das Mündliche, welches die Disparatheit des jeweilig subjektiv Erlebten eher als das mit Hilfe der Schrift Geformte zu wahren verspricht, da in ihm nicht unter der Maske eines Nacheinanders verleugnet wird, *daß im Grund, vom Grund her alles mit allem zusammenhängt* (VeE 177; 139), scheint hier nahezuliegen.

---

[48] Cf. VeE 49; 38: *jenes innere [...] Gerüst von Werten, ohne daß wir auch nicht leben können.*

Doch ist nicht auch das mündliche Sprechen noch an eine Linearität der Wortsetzung, insofern diese der Sprache immanent ist, gebunden? Kann die von Christa Wolf gelebte, ihre schriftstellerische Tätigkeit zugleich überschattende und herausfordernde *Spannung zwischen den Formen, in denen wir uns verabredungsgemäß bewegen, und dem lebendigen Material, das meine Sinne, mein psychischer Apparat, mein Denken mir zuleitete* (VeE 8; 8), zugespitzt werden zu der Frage, ob diese auch anders vorstellbar, abschwächbar sei?

Um sich einer Klärung dieser Frage anzunähern, sollen nun zwei einander gegenseitig ergänzende Modelle entfaltet werden, die im Ausgang von der Annahme einer schriftlosen Phase der Menschheit, der schließlich jene heute noch andauernde der Schrift folgte, die jeweiligen Spezifika von Oralität sowie Schriftlichkeit und deren Einflüsse auf das Denken und die Realitätserfahrung zu zeigen suchen.
Aber auch hierbei und fortan gilt immer das Waldenfels entlehnte Verständnis von Mündlichkeit im Sinne einer anderen Weise, mit Sprache umzugehen, welche sich nicht in einer bloßen Gleichsetzung mit Vorschriftlichkeit erschöpft. Das Ziel nachfolgender Ausführungen liegt somit allein in der Herleitung sowie Begründung von einem 'Vokabular', welches das von Christa Wolf versuchte Erzählen in der Schrift in Begriffen und Bedeutungsperspektiven zu fassen erlaubt.
Christoph Jamme bestimmt in seiner Darstellung philosophischer Mythostheorien[49] jene Phase, in der das Sprechen per se die in ihm benannten Dinge lebendig und präsent hielt, als die **mythische**.[50]
Stellt die Sprache auch selbst schon keine Einheit mehr dar, da sie sich in vom Bezeichneten losgelösten Zeichen (Lauten) geriert, so wahrt sie doch den Abglanz einer elementaren Einheit, welche Jamme mit dem Mythischen gleichsetzt, hingegen es im Fortgang dieser Arbeit eine andere Konnotation annehmen wird. Auch in der strengen Anbindung des Mythischen, des Mythos sowie der Mythologie an ein Modell menschlicher Entwicklung weichen wir von Jamme ab, da sie uns vielmehr **Weisen der Weltbegegnung** denn verschiedene, an aufeinander folgende Epochen gebundene

---

[49] Cf. Jamme, Christoph: "Gott an hat ein Gewand".
[50] Die folgenden Ausführungen stützen sich insbesondere auf die von Jamme unterschiedenen drei, in der Überschrift dieses Kapitels schon genannten *Entwicklungsstufen des Mythos*, wie sie Katharina Glau, 103-110, wiedergibt.

Einstellungen zur Welt sind. Die im Mythischen in der Sprache noch mitschwingende, auf unser Denken etwas sagenhaft wirkende Einheit erkennt somit ein etwas genauer prüfender Blick auch noch in unserem von der Sprache veranlaßten und/oder gesteuerten Verhalten. Denn auch in unserem Alltag begegnen jene unmittelbare Aktivität provozierenden Äußerungen, für welche die Ausführungen Carlo Sinis im Zusammenhang mit dem von ihm gewähltem Beispiel *Achei, via sulle navi! – Achäer, fort zu den Schiffen!*[51] – gelten: Eine Trennung zwischen bedeutendem Wort sowie bedeutungstragendem Ding wird nicht realisiert, da mit den Worten selbst schon eine unmittelbare Praxis, eine Verankerung von Sinn und Tun, gegeben ist, insofern dieser Satz die sofortige Bewegung der Achäer hin zu den Schiffen annehmen wird. In diesem Kontext siedelt die Gedanken von Friedrich Creuzer und Giovanni Battista Vico wieder aufnehmende These Sinis, daß hier eine Art erzählerischer Geist (*mente affabulativa, narrativa*[52]) in die Worte gefunden hat, so daß die Worte selbst schon die Dinge ihrer Benennung entwerfen und be-**zeichnend** wiedergeben.[53] Doch setzt auch er für diese unmittelbare Mitgegebenheit der Dinge und Praktiken in und mit den Worten eine ausschließlich mündliche Phase menschlichen Lebens an.

Eine Einheit von etwas anderer Art führt Kassandra im Munde, wenn sie gegen die Binarität der Begriffe, mit welcher die Griechen Wirklichkeiten aufspalten, spricht: *Es ist das andere, das sie zwischen ihren scharfen Unterscheidungen zerquetschen, das Dritte, das es nach ihrer Meinung überhaupt nicht gibt, das lächelnde Lebendige, [...,] das Ungetrennte, Geist im Leben, Leben im Geist.* (K 310; 121f.) Jedoch bestimmt die tödliche Schere des Entweder-Oder-Denkens nicht allein der Griechen Wirklichkeitsbegegnen, sondern auch des Priamos Entscheidung für die militärische Konfrontation, um der *Ehre [sein]es Hauses* (K 272; 81) willen, und sie läßt ihn jenen Satz sprechen, welcher gegenwärtigen Lesern nicht fremd ist: *Wer nicht zu uns hält, arbeitet gegen uns.* (ebd.) Kassandra wird sich dem in dieser Weise bei Troianern und Griechen wirkenden

---

[51] Sini 22.
[52] Ebd., 18.
[53] Ebd.: *Poi c'è una mente discorsiva di tipo affabulativo. Mente che racconta fiabe e leggende ma la cui pratica del linguaggio è ancora ignara di lettera e di scrittura. Questa mente non sa né scrivere né leggere, sebbene i suoi nomi raffigurino e disegnino, e quindi, in questo senso più generale, scrivano le cose del mondo.* –- Dann gibt es einen diskursiven Geist fabelnder (erzählerischer) Art. Geist, der Märchen und Legenden erzählt, dessen Sprachpraxis jedoch noch unkundig des Buchstabens und der Schrift ist. Dieser Geist weiß weder zu schreiben noch zu lesen, wenn auch **seine Namen versinnbildlichen und zeichnen** und daher, in diesem breiteren Sinn, die Dinge der Welt schreiben. (Herv.v.m.)

ausschließenden Denken, welches jeweils auf der Seite der Anderen, der Feinde, das "Schlechte" ansiedelt, während des Verlaufs des Krieges entziehen, indem sie ihrer Einsicht, *de[m] Schock: Sie sind wie wir!* (K 212; 16), immer breiteren Raum hinsichtlich ihres eigenen Verhaltens gegenüber den *eigenen Leuten* läßt. Jedoch bedarf auch Kassandra zunächst ihrer Loslösung aus dem das eigene Denken kanalisierenden Netz der Alternativen, wie ihr Traum offenbart.[54]

Klingt bei Kassandra die verlorene, von den Menschen zugunsten einer leichteren Besetzung von Handlungsspielräumen aufgegebene Einheit von *Geist* und *Leben*, Denken und Empfinden an, so ist es ebenfalls sie, welche die Bedeutung nicht des schriftlichen, sondern des menschlichen Gedächtnisses für die Überlieferung ihrer Erlebnisse und Einsichten benennt.

In beiden Fällen scheint Kassandra von Jamme und Sini ausschließlich in einer vorschriftlichen Zeit lokalisierte Charakteristika zu streifen: Ihr Begehren nach einer Aufweichung der Dichotomien verweist jedoch schon auf ein entsprechend beiden Denkern erst mit der Schrift sich formierendes logisch-dialektisches Denken, welches das vorher ungebundene Sprechen nun einer Legitimationsbedingung der Wahrheit im Sinne einer Übereinstimmung der Worte mit den Dingen[55] unterwirft.

Daneben korrespondiert die von Sini hervorgehobene Bedeutung des menschlichen Gedächtnisses während einer an die Schrift kaum gewohnten Zeit mit dem Wunsche Kassandras, ihr statt einem *Schreiber* doch lieber *eine junge Sklavin mit scharfem Gedächtnis und kraftvoller Stimme [...zu schicken], daß sie, was sie von mir hört, ihrer Tochter* **weitersagen** *darf* (K 284; 93; Herv.v.m.).

Hier scheint tatsächlich die Praxis einer bislang ausschließlich mündlichen, d.h. im Sinne Jammes und Sinis schriftlosen Gesellschaft aufzuleben. Zwar wird die Schrift schon gekannt sowie angewendet, jedoch als Medium der Katalogisierung, wie bei der Ausfahrt des *ZWEITEN SCHIFFES* sowie während des Krieges: *Fähnchen, Winken, Jubel, blinkendes Wasser, blitzende Ruder – fünfzig, notierten die Palastschreiber, die nichts als*

---

[54] Cf. K 290; 100: *Das Wichtigste an deinem Traum, Kassandra, war dein Bemühn, auf eine ganz und gar verkehrte Frage doch eine Antwort zu versuchen.*
[55] Cf. Sini 19: *[La] parola analitica mira [...] a formare un'immagine o mimesis logica delle cose.* – *Das analytische Wort zielt auf die Formung eines Bildes oder einer logischen Nachahmung der Dinge.* & die Definition der Wahrheit als *adaequatio rei et intellectus*: Der Intellekt 'besitzt' die Dinge nur, insofern er sich an sie anpaßt. Diese Interpretation, welche bis ins 10. Jh. (Isaac Ben Salomon Israeli) zurückreicht, findet sich in der aktuelleren Sprachphilosophie im Sinne einer Ähnlichkeit zwischen Dingen und Sprache (Cf. Wittgenstein, *Tractatus*, 4.021, 4.022).

zählen konnten.[...] Die Täfelchen der Schreiber, die in Troias Feuer härteten, überliefern die **Buchführung des Palastes**, *Getreide, Krüge, Waffen, Gefangene.* (K, 236, 280; 42, 89; Herv.v.m.)

Das menschliche Gedächtnis, *die lebendige Erinnerung* (VeE 158; 124), bleibt somit als einzige Zusammenhänge vermittelnde und bewahrende Instanz.

Diese Bedeutung des lebenden Gedächtnisses wird von einem Denker wie Carlo Sini nun einseitig positiv bewertet, indem er diesem *kreativen, produktiven Gedächtnis* das in der Schrift sichtbar gewordene und damit objektivierbare Gedächtnis,[56] welches sich in einer "bloßen" Wiederholung des in der Schrift ständig Verfügbaren geriert, gegenüberstellt. Jedoch reicht Kassandra uns auch Beispiele für die Korrumpierung selbst des im Sprechen wirkenden Gedächtnisses sowie die Verdeckung, die Übertönung und Manipulierung der Wirklichkeit durch das gesprochene oder gesungene Wort.[57]

Das Problemfeld in *Kassandra* spannt sich somit zwischen Sprache und Wirklichkeit, ohne eine einseitige Begünstigung des Gesprochenen zuzulassen. Vielmehr wird das Bemühen Christa Wolfs emporgehoben und ausgerichtet von ihrer Einsicht in das auch in unserer Gegenwart noch wirkmächtige *Privileg des Sprechens* (VeE 50; 38), welches wie die Schrift über Vergangenes sowie Gewußtes zu entscheiden vermag.

Wurde das Mythische von Jamme primär an die gesprochene Sprache, an das uferlose Potential mündlicher Erzählbarkeit gebunden, so ermöglicht die den **Mythos** resp. die **Mythen** in der **Mythologie** manifestierende Schrift vor allem die Setzung von Ufern, welche auch späteren Zeiten Zugänge und Blickwinkel zu Lebens- und Denkregungen offen halten.

Das Sag- und Aussagbare vermag nun mit Hilfe der Schrift kanalisiert zu werden. Jamme weist auf die Wechselbeziehung zwischen der Veränderung historischer Gegebenheiten und ihrer Wahrnehmung sowie deren Widerspiegelung jeweils im Mythischen, im Mythos und in der diesem eng verbundenen Mythologie hin.[58] Die Ausbreitung der Schrift korrespondiert mit der Herausbildung von historischem sowie zeitlichem Bewußtsein. Ihre Linearität entwirft beiden ihr Muster. Immer noch sind es umherziehende Sänger

---

[56] Cf. Sini 36: *Con la scrittura la lingua parlata diventa un "manufatto", una "cosa" materialmente visibile e manipolabile. Le parole e frasi divengono*, dice Havelock, *manufatti che rendono visibile la memoria oggettivandola.* – *Mit der Schrift wird die gesprochene Sprache zum "Manufakt", eine stofflich sichtbare und manipulierbare "Sache". Die Wörter und Sätze werden, wie Havelock sagt, Manufakte, welche das Gedächtnis sichtbar machen, indem sie es objektivieren.*
[57] Cf. K 256, 265, 273, 304.

(Rhapsoden), welche die Mythen unter die Menschen tragen. Der zeitliche Boden, auf dem der Mythos/die Mythen wurzeln, wird vor allem durch die vorher ungekannte Vielzahl an Krisen, wie beispielsweise die spannungsreiche Sonderung eines weltlichen vom religiös-transzendentalen Bereich, die Kontaktaufnahme resp. Konfrontation mit fremden Völkern, charakterisiert. Die vormals gelebte enge Bezogenheit der Menschen auf die Natur befindet sich in einer Auflösung, welche der Erklärung und Rechtfertigung bedarf. Der *Schrecken*, welchen einst die unbekannte Natur in der Mannigfaltigkeit ihrer Erscheinungen im Menschen freisetzte, so daß er ihn auf seine Weise die Natur belebend und erzählend zu bannen suchte,[59] bewegt die Menschen nun auch von einer anderen Richtung her.

Die Mythen suchen daher *immer schon Antwort [zu geben] auf bestimmte Defiziterfahrungen.*[60] So wird der in den Mythen praktizierte Umgang mit der Wirklichkeit bestimmt von dem Bemühen um Deutung erlebter Bewegungen und Wandlungen besonders im Verhältnis der Menschen zur Natur.[61]

Die eigentliche Literarisierung der Mythen, wie sie mit Hesiod und Homer erfolgt, führt jedoch schon in das Umfeld der Mythologie, welche schließlich der Trennung von Kult/Ritual und Mythos sowie einer dadurch möglichen Ästhetisierung und Rationalisierung in Literatur und Philosophie Raum geben wird.[62]

Schon die Verschmelzung von μυθος und λογος, **Mytho-logie**, im Worte selbst impliziert eine Verstärkung der argumentativen Verwendung der Mythen.

Insofern diese literarisierten Mythen nun für uns Ausdeutungen damaliger Gegenwart mit dem Blick auf die Vergangenheit darstellen, insofern wir sie nicht festlegen auf ihre Gestalt des für uns Fremd-Phantastischen, vermögen wir sie ernst zu nehmen als Weisen mit der Wirklichkeit umzugehen. Im Mythos wird *eine Geschichte [...laut, oder vielmehr] Geschichte selbst, die sich wiederum als eine Geschichte erweist.*[63] Auch Christa Wolf liest die *Eroberung Troias [als] eine[n] der ersten uns bekanntgewordenen Fälle – selbst schon eine künstlerische Zusammenziehung Dutzender von Städteeroberungen der damaligen Zeit* (VeE 145; 113f.).

---

[58] Cf. Glau 104ff.
[59] Cf. Blumenberg 9: *Absolutismus der Wirklichkeit*.
[60] Glau 106.
[61] Cf. ebd., Anm. 182.
[62] Cf. ebd., 109.
[63] Gerdzen/Wöhler 108; Herv.i.O..

Indem Geschichtsschreibung und Philosophie fortan die Öffentlichkeit strukturieren, erklären und mit Wahrheiten ausstatten,[64] werden die Voraussetzungen gelegt für die Umbildung der Mythen zu zeitlosen Paradigmata menschlicher Wünsche und Irrungen, welche mit jeweils aktuellen Fragestellungen und Antwortsuchen belebt zu werden vermögen, ohne jedoch den Hauch des Un-Wahren, des Nicht-ganz-ernst-zu-Nehmenden zu verlieren.[65]

Nun aber verbirgt sich gerade in dieser durch gewandelte Bedürfnisse und Gegebenheiten gesetzten Trennung von Historie und Mythen sowie im paradigmatischen Charakter von letzteren, die sich somit einem geschichtlichen Vergangenheitsblick entziehen, das Potential für eine "Entmythologisierung" der Geschichte von den Mythen her. Nunmehr bieten die Mythen die Möglichkeit, *die Geschichte gegen den Strich zu bürsten* und *Überlieferung von neuem dem Konformismus abzugewinnen.*[66] Infolgedessen vermag auch unsere Vorstellung vom Verhältnis zwischen Geschichtsschreibung, Geschichte und Mythen verschoben zu werden. Die von Kriegen und Schlachten eingefärbten Blicke der Heldenmythen rücken in die Nähe der ähnlich ausgerichteten Historiographie und unterliegen somit einer ähnlichen Infragestellung.

Die Verschränkung beider, hier nur kurz angedeuteten Perspektiven, die dem Verhältnis Historie-Mythen erwachsen, – die Geschichtshinterfragung mittels Mythen und Literatur einerseits sowie andererseits die Problematisierung eben dieser Mythen und Literatur selbst hinsichtlich ihrer Beeinflußbarkeit und Anfälligkeit für Manipulationen – liegt der Auseinandersetzung Christa Wolfs mit Kassandra und Medea zugrunde.

---

[64] Cf. Sini 30: *Ma con la storia è tutta la mentalità scientifica dell'Occidente che si mette in cammino: l'innovazione della scrittura, come provocò la nascita della storia, così pure creò la filosofia e la scienza. Sono queste le radici della formazione della "verità pubblica" [...].*– Aber mit der Geschichte setzt sich die gesamte Wissenschaftsmentalität des Westens in Bewegung: die Neuheit der Schrift kreiert so, wie sie die Geburt der Geschichte hervorrief, auch die Philosophie und die Wissenschaft. Dies sind die Wurzeln der Herausbildung der "öffentlichen Wahrheit". Und Waldenfels, 45, Anm. 7, wo er unter Verweisung auf den *Artikel "Schrift"* im Historischen Wörterbuch der Philosophie von Aleida und Jan Assman die *drei Funktionsweisen der Schrift: Herrschaft, Tradition und Wissen* zitiert.

[65] Die Gleichberechtigung mythischer Realität resp. des im Mythos sich manifestierenden Weltumgangs neben dem zunächst durch Dogma, schließlich durch die Vernunft beherrschten sowie bestimmten herauszuarbeiten, unternimmt im wesentlichen erst Blumenberg, wobei er jedoch gleichgerichteten Strömungen schon in der Romantik und bei Vico folgt. Cf. Jamme, C.: Einführung, 11ff.: *Schon Vico erkennt - in klarer Abhebung von der früheren allegorischen Interpretation des Mythos -, daß die Unterscheidung in 'Form' und 'Inhalt' unangemessen ist [...]. Der Mythos stellt für Vico eine zentrale Schöpfung einer Periode der Geschichte dar,* **die eine ganz bestimmte Erkenntnisform besaß**. & 48ff. für die sich im *Beginn der wissenschaftlichen Mythos- Forschung* (49) mit Friedrich Creuzers *Symbolik und Mythologie der alten Völker* (1810) in der Romantik manifestierende Anerkennung des Mythos als Bündelung verschiedenster Dimensionen menschlichen Wirklichkeitsumgangs.

[66] Benjamin: Über den Begriff der Geschichte, 697 & 695.

Sowohl Kassandra als auch Medea begegnen uns, indem sie ihre eigene Mythifizierung im Rückblick er-leben oder sie zumindest andeuten. Da die Brücke dieser Begegnung jedoch jeweils **ihr** Sprechen bildet, Christa Wolf uns also situativ an den Beginn jenes *über viele Generationen verlaufende[n] Bildungsprozess[es], [... welcher] zunächst über "die gesprochene und gehörte Sprache" gelaufen [ist]* (VeE 158; 124) zurückversetzt, soll diese Erzählpraxis mit einer **Aktivierung des Mythischen im Mythos** gleichgesetzt werden. Diese stellt schließlich auch die Bedingung der Möglichkeit für eine Entmythologisierung der Mythen, insofern es sich bei diesen um literarisierte handelt, dar. Die oft einseitig im Hinblick auf eine **Entmythologisierung** interpretierte Äußerung Christa Wolfs einer *Rückführung [sc. Kassandras] aus dem Mythos in die (gedachten) historischen und sozialen Koordinaten* (VeE 142; 111) bildet vor diesem Hintergrunde die Basis für eine **Remythologisierung**, da Kassandra, Medea und die anderen vorgeben zu wissen, worüber sie erzählen. In letzterem aber, der Wiedereinführung des gesprochenen Wortes in die Literatur, in seiner 'Zitierfähigkeit' gründet für uns das originär Mythische.
Insofern Christa Wolf angesichts des Mythos nach bislang im Verschweigen lagernden Geschichten fragt, d.h. eine *historisch nicht codierte[...] Wirklichkeit*[67] einfordert, welche im Sprechen eines Einzelnen an die Oberfläche emporgehoben wird, berührt sie das Mythische.
Das Ziel der vorhergehenden Ausführungen war zu zeigen, daß und wie die Mythen der antiken Literatur das Mythische ablösten, ohne dieses jedoch ganz aufzulösen, insofern es mit der *lebendigen Erfahrung* (VeE 8; 8) der Menschen gleichgesetzt werden darf.
Wie aber gelingt es Christa Wolf, zwei scheinbar disparate Positionen – die Distanzierung von der bisherigen Geschichtsperspektive mit Hilfe der Literatur einerseits und die Kritik am, schon in den Mythen vorgeprägten, Formenkanon letzterer andererseits – gleichzeitig zu besetzen und zu aktivieren?

Mythen: Zweideutigkeit zwischen Ausschließung und Blickerweiterung

In konträrer Weise zur in der Geschichtsschreibung praktizierten, "von außen" sich bemühenden Rekonstruktion von vergangenen Leben sucht Christa Wolf mit ihrem Rückgriff auf den Mythos als eine der ältesten uns überlieferten Formen der Literatur sich eines Zipfels von Authentizität hinsichtlich der damaligen Lebenswelt zu versichern. Erkennt sie dabei auch in der Literatur deren tiefe Verflochtenheit mit den jeweiligen

---

[67] Renner in Mauser, 287.

Ritualen und Kulten, die *nach Bedarf umzudeuten* Aufgabe des Erzählers war und noch immer ist – *[v]or der säkularisierten Erzählung [in der] Heiligenlegende, vor dieser [im] Heroenepos, vor diesem [im] Mythos* (VeE 88; 67), so hebt sie doch die Literatur positiv gegen die Geschichtsschreibung ab. Denn wenn die *Ilias* sie langweilt (VeE 121; 94), so bleibt sie dennoch für die Autorin *der erste uns bekannte Versuch, einer unter das Gesetz der Schlacht und des Schlachtens gestellten blanken Chronologie ein menschliches Gefühlsmaß aufzudrücken: den Zorn des Achill* (VeE 118; 91).

Ein *utopisches Element* (VeE 117; 91), die Erinnerung an Uneingelöstes und Verlorenes, die auf Einlösung eines Verlustes drängen, vielleicht sind sie auch zwischen den Versen von Homer zu orten, werden sie mit einem *anderen Sehraster* (VeE 8; 8) gelesen. Es müßte dieses ein Gespür für den Mangel, für das, was fehlt, sein. Diesem mag gelingen, den Mythos umzustülpen, seine vielfarbigen Innenseiten in Gestalt von Einzelmythen, von Mythenvarianten, oder auch nur erfundenen Möglichkeiten, nach außen ins Offene zu wenden. Denn *alles ist denkbar, wenn kein Tatsachengerüst die Phantasie begrenzt* (VzT 45).

Wie aber realisiert sich solch *Sehraster*? Aus dem Mißtrauen gegenüber dem allseits und allgemein Bekannten wachsen die Fragen. Das 'Warum so und nicht anders?' läßt die Neugier erwachen, wie die erzählten Figuren sich selber und das Geschehen er- und gelebt haben mögen. Vor dem Hintergrund einer als bedrohlich und zugleich bedroht erlebten Gegenwart sowie der entdeckten Ähnlichkeit von deren äußerlichem Geschehen zu jenem im Mythos eingefangenen, weist Christa Wolf dem Mythos eine *Kontrastfunktion* zu: Deren Begründung wurzelt in der Annahme, *daß die Ereignisse schon einst nicht so kamen, weil sie so kommen mußten, sondern daß sie so kamen, obwohl sie auch anders hätten kommen können.*[68]

Die somit eröffnete Suche nach dem durch die Schrift dem eigenen Wort Beraubtem, d.h. aber nach den im Mythos lebenden Menschen mit ihren ganz eigenen Bedürfnissen, Erfahrungen, Wirklichkeitsbildern, entbehrt jedoch ihres eigentlichen Korrelats im Findbaren, ihrer Stillung im Gefundenen. In dieser Suche aber, die ihres endgültigen Zieles ermangelt, wurzelt gleichzeitig die Legitimität eines jeden Menschen Umgangs mit weit zurückliegenden Geschichten – dem Erfinden.

---

[68] Fuhrmann. Mythos und Herrschaft, 18 & 19.

Insofern dieses jedoch auf *geschichtliche Prozesse bezogen [ist], die [es] erinner[t] oder abbilde[t]*,[69] entspricht es jenem von Walter Benjamin für die Geschichtsschreibung selbst postulierten Umgang mit der Geschichte als *Gegenstand einer Konstruktion*.[70] "Wahr" und "falsch" als Kategorien zur Beurteilung des Gewesenen versinken zudem im Bodenlosen bei einer Autorin, welche in der Vergangenheit eine *Erklärung, Legitimation für die Gegenwart*[71] sieht, so daß dem Wandel der Gegenwarten jener der Vergangenheiten entspricht. Dieser Einsicht aber widerstrebte bis in unser Jahrhundert hinein noch die Geschichtsschreibung, welche sich der Schrift bedienend, eine einzige Vergangenheit modellierte. Objektivität, Linearität, die Fiktion von Geschlossenheit und Kontinuität[72] als Arbeitskriterien nicht allein der Literatur, sondern auch der Historiographie blenden die Wirklichkeiten mannigfaltigen Erlebens um einer besseren Katalogisierung, Verwendbarkeit sowie Vermittelbarkeit willen aus. Indem Christa Wolf nun nach dem unter der Schrift Durchgeschlüpften fahndet, begibt sie sich aus der schriftlich gesicherten Wirklichkeit der Geschichte wie auch des literarisierten Mythos selbst hinaus in den Bereich der kraft ihrer unmittelbaren Involvierung ins Geschehen eigentlich autorisierten Figuren, welche für sie denn auch ihren fiktiven Schattencharakter verloren haben und wirklich – *historisch* (VeE 152; 119) – lebten. In ihnen als Träger und Trägerinnen des Mythischen, d.h. des originär und singulär Erlebten, vermag wiederum der Mythos selbst in (s)eine noch ursprünglichere Form einer mündlich weitergegebenen Geschichte (unter vielen) zurückgeführt zu werden. Das mit der Schrift in Literatur und Geschichte eingeflochtene Erzählen-über erlischt während der sich in diesem Sinne verwirklichenden Remythologisierung in einem Sich-Erzählen.[73]

Die uns bei Christa Wolf von Kassandra, Medea und den anderen Figuren übergeworfene Wirklichkeit tragen wir nun aber nicht als einzige, sondern ein Vor-Wissen um Kassandra und Medea kann vorausgesetzt werden. Es ist dies jenes 'Wissen', welches heute noch

---

[69] Renner in Mauser, 287.
[70] Benjamin: Über den Begriff..., 701.
[71] Risse 105, Anm. 4.

[72] Cf. VeE, 177; 139: *Aber eben diesen Weg ist doch, [...], das abendländische Denken gegangen, den Weg der Sonderung, der Analyse, des Verzichts auf die Mannigfaltigkeit [...] zugunsten des Dualismus,[...], zugunsten der Geschlossenheit von Weltbildern und Systemen, [...] zugunsten "gesicherter" Objektivität.*
[73] Cf. Risse 104. In der im Sich-Erzählen ermöglichten Gleichzeitigkeit von Erinnern und Deuten desselben begibt C.W. sich mit ihren Figuren in die Nähe des dem Mythos *immanenten Anspruch[s ...] auf Sinngebung für die Gegenwart*.

die Rede vom 'Kassandra-Ruf' ermöglicht oder bei einer Umfrage im Freundes- und Bekanntenkreis zur Figur Medea diese immer als jene, *die ihre Kinder umgebracht hat* (HA 165), assoziieren läßt.

In diesem Zusammenhang nun präsentieren sich das Erinnern Kassandras sowie die das Geschehen begleitenden Kommentare von Medea und der anderen beteiligten Personen als ein Weg, aus den in der Vergangenheit geronnenen Wahrnehmungsmustern der Gegenwart auszubrechen. Sie balancieren auf der nahezu unwahrnehmbaren Linie zwischen Erleben, Erinnern und Erfinden, um den Blick zu öffnen für *das Unbekannte im bekannten Überlieferten*.[74]

In einem die Hintergründe der Mythosrezeption innerhalb der DDR-Literatur nach 1971 ausleuchtenden Kapitel seiner *Kleinen Literaturgeschichte der DDR* betont Wolfgang Emmerich den geschichtsphilosophischen Aspekt des unter anderen auch von Heiner Müller, Franz Fühmann, Irmtraud Morgner gesuchten Umgangs mit dem Mythos[75] in der DDR-Literatur.

So erwächst diese Mythos-Rezeption einem sich angesichts der außen- und innenpolitischen Geschehnisse aufbäumenden Zweifel an der bislang in der DDR gepflegten Interpretation der abendländischen Geschichte als der einer zur Vergeistigung und Kultivierung fortschreitenden Zivilisation. Die selbst empfundenen Widersprüche und Reibungen mit der erfahrbaren Tatsächlichkeit scheinen vielmehr die Sensibilität für jene Linien zu schüren, welche in der offiziellen Sicht verschwiegen liegen.

So empfindet Christa Wolf auf ihrer Reise durch Griechenland mit seinem 'westlichen' Flair zunächst unmittelbar eine Gefährdung der Menschen, wie sie von ihrer Tendenz zur einseitigen Ausrichtung an Bedürfnissen, welche sehr diesseitigen, ökonomischen Maßstäben erwachsen, ausstrahlt.[76] Ihr 'griechischer' Blick auf frühere Menschen und das, was von ihnen geblieben, auf Reste von Kulturen und Zerstörungen derselben, welche auch nach Tausenden von Jahren ihres weiteren Überdauerns nicht sicher sein können, weil neben der schleichenden Vernichtung durch die Schmutz und Gift mitführende Luft noch eine zweite Vernichtung in einem von den Großmächten

---

[74] Growe 142.
[75] Cf. Emmerich 342.
[76] Cf. VeE 67; 51: *Aus einer Welt, die nur ökonomisch, nur diesseitig wäre, müßte der Mensch auf die eine oder andre Weise verschwinden.*

vorbereiteten Atomkrieg droht, wird geschärft durch die Frage: *Gab es eine Alternative zu dieser Barbarei* [sc. *der Neuzeit]?* (VeE 30; 23)

Die Begegnung mit der minoischen Kultur auf Kreta, welche die Vermutung, daß nicht immer Eroberung, Verteidigung, Herrschen das Handeln der Menschen bestimmt haben können, zu einer Beschäftigung mit dem Matriarchat lenken wird, präzisiert schließlich die Frage: *Wann und wodurch ist dieser selbstzerstörerische Zug in das abendländische Denken, in die abendländische Praxis gekommen.* (HA 160) Kassandra wird in eben diesem Wann und Wie verortet. Unter dem durch die Aufrüstung provozierten Eindruck höchster Bedrohung und Hilflosigkeit im Umgang mit derselben, wie sie sich im *Arbeitstagebuch* widerspiegelt, nimmt sie schließlich Gestalt an.

Jedoch genügt Christa Wolf nicht allein die Wandlung ihres bisherigen Vertrauens in den Fortschritt in Skepsis,[77] sondern die Gründe in den Menschen, in sich selbst, bedürfen einer Klärung: *Ich will zusammentragen, was mich, uns zu Komplicen der Selbstzerstörung macht; was mich, uns befähigt ihr zu widerstehn.* (VeE 139; 109) *Kassandra* muß somit als der Faden gelesen werden, welcher die labyrinthne Ambivalenz, welche viele Menschen an sich erfuhren und noch erfahren, begehbar, wahrnehmbar werden lässt. *[D]as bohrende Moment des Anteils an geschichtlicher Schuld durch Passierenlassen*[78] auf Seiten der Einzelnen und ihre Verstrickung in die Mechanismen von Belohnung und Strafe bestimmen hier Christa Wolfs Ausbrechen aus den Einzäunungen offiziell erwünschter, propagierter Deutungen sowie Umgangsweisen mit der Geschichte.

Auch nach dem Ende der DDR wird es die Reibung an der Gegenwart sein, welche die Frage nach dem Woher der *Ausgrenzung des Fremden* (VzT 50), dessen zeitenloses Paradigma *die Ausgrenzung des angstmachenden weiblichen Elements* (VzT 50) zu sein scheint, zuspitzt. Und gleich der Begegnung mit Kassandra wird der Blick in die Zeiten hinab einen Rückstoß erfahren, da Vorher und Nachher sich gar zu ähnlich sind: *Warum brauchen wir Menschenopfer. Warum brauchen wir **immer noch und immer wieder** Sündenböcke.* (HA 165; Herv.v.m.)

Auch für Medea formt die persönliche Betroffenheit Christa Wolfs die Entfaltungshorizonte. Wieder bündelt die Jetztzeit in sich Perspektiven und Blicke auf die Vergangenheit, so daß auch für die Mythosrezeption Christa Wolfs gilt, daß der/die um

---

[77] Cf. VeE 123; 96: *Es gibt keinen Spielraum für Veränderung. Es gibt keine revolutionäre Situation.*
[78] Blumenberg 84.

Vergangenes Bemühte kein >*ewige[s]*< *Bild der Vergangenheit*, sondern seine *Erfahrung mit ihr, die einzig dasteht,*[79] einfängt.

So mag die Auseinandersetzung mit dieser Figur, deren übler Beleumundung sowie deren Ursachen der Autorin auch Wege und Perspektiven eröffnet haben, mit der eigenen Realität, d.h. der nach 1990 auf ihre Person fokussierten Aufmerksamkeit der Feuilletons umzugehen. Denn der von ihrer Erzählung *Was bleibt* entfesselte Vorwurf, trotz aller still in ihre Erzählungen und Romane eingeflochtenen Kritik an der Politik der DDR, dieser nicht mit aufrichtiger Konsequenz nachgegangen zu sein, bildete den Auftakt zum sogenannten deutsch-deutschen Literaturstreit.[80] In diesem aber galt es für Christa Wolf sich aus ihrem Mißempfinden heraus, von durch ihr eigenes Erleben hierzu keineswegs immer legitimierten Menschen einer öffentlichen Be- und Verurteilung unterworfen zu sein, zu behaupten.

Wie ein Bild, ein Aushängeschild gleichsam, zur Betrachtung durch Spätere geformt wird, und die Hilflosigkeit des Einzelnen in solchem Prozeß der Schablonenformung von fremder Hand, scheint Christa Wolf selbst unmittelbar gespürt zu haben, so daß von Neuem das Verhältnis der Geschichten zur Geschichte zu einer Darstellung drängte.

Wie nun aber realisiert sich die Antwortsuche Christa Wolfs auf ihre Fragen zu Kassandra und Medea? In welcher Weise gelingt es ihr, das Verhältnis Mythen – Geschichte – Gegenwart hierfür zu beleben?

Insofern schon die Mythosrezeption in der DDR dahin gelangte, die *Modellierung der menschlichen Vernunft* und *"ihres Anderen" [...] der Körper, der Sinne, der Affekte des Menschen*[81] zu problematisieren, korrespondiert sie mit dem von Michel Foucault in seinem *L'ordre du discours* entworfenen Vorhaben, die Geschichte im Sinne einer **Genealogie** zu ent-falten. Eine im Zusammenhang mit ihrer Beschäftigung mit Medea eingeflochtene Äußerung Christa Wolfs spricht von der Notwendigkeit, *die Geschichte neu auf[zu]brechen*, um den *Haß [Medea gegenüber] zu erklären* (Tabou 244). Neben diese Notwendigkeit stellt sich das Zusammenschmelzen der durch unseren Zeitbegriff geprägten Folgen und Kontinuitäten in der Geschichte um eines diskontinuierlichen Erlebens von Kontinuierlichem, um den Menschen eigenen, dem Fortlaufen der Zeit(en) widerstehenden Empfindungen, Bedürfnissen, Anfälligkeiten, Zwängen, willen. Beide

---

[79] Benjamin: Begriff..., 702.
[80] Cf. Anz, Thomas (Hrsg.): "Es geht nicht um Christa Wolf." (s. Lit.verz.).
[81] Emmerich 342.

Aspekte laden zu einem Begegnenlassen und einer Lektüre der Autorin mit den vom Philosophen geprägten Denkentwürfen und Versuchsanleitungen ein.

Die von Foucault mittels der Genealogie hinterfragte Entstehung von Diskursen, d.h. der bestimmenden Reglementierung dessen, was sagbar und daher auch lebbar ist und von dessen Kontrolle die Lebensdauer eines Diskurses abhängt,[82] sowie sein Versuch, das Wirken von Ausschlußmechanismen, welche zeiten-los bis in unsere Gegenwart hinein Lebensrealitäten profilieren, zu zeigen, scheint auch in beiden Texten Christa Wolfs durch: Mittels ihrer deutenden Gestaltung des Mythos, in dem die Autorin schon gedeutete Manifestationen von Bedürfnissen einer bestimmten Zeit lebendig sieht und um dessen Verwendung als Ausschlußmechanismus bzw. Rechtfertigung von Ausschlüssen sie weiß, läßt sie ihn zugleich auch durchsichtig werden in seinem Spurenträgersein menschlichen Wirklichkeitsbegegnens.

Insofern scheint die Literatur per se jener Gefährdung einer Totalisierung von Zeit und Wirklichkeit zugunsten eines *überhistorischen Gesichtspunkte[s]*,[83] welcher die Historie ausgesetzt ist, enthoben. Andererseits vermögen auch in ihr die Perspektiven von einer Art ausschließlicher Objektivität verstellt zu sein: *Aber es ist die Linie männlichen Handelns, die der Erzähler verfolgt. Nur in den Lücken zwischen den Schlachtbeschreibungen schimmert das Alltagsleben durch, die Welt der Frau.* (VeE 118; 91f.)

Den *Lücken* aber und ihren Ursachen fragt Christa Wolf mit Kassandra und Medea nach. Geführt wird sie von ihrem Sinn für Akzentverlagerungen: *Medea [...] muß eine andere Art von Gewissen, daher auch eine andere Art von Angst kennen, lebte sie vielleicht in jener sicherlich sehr langen Periode,* **da die Ängste vor äußeren Gefahren ins Innere der Menschen verlegt wurden***, das muß ja in jenen Zeitaltern geschehen, in denen Herrschaft aufgerichtet wird, [...], denn wie soll man Menschen, die man nicht alle einsperren oder vernichten kann, anders beherrschen als durch Gewissensangst [...]* (VzT 46; Herv.v.m.). In dieser Äußerung zu Medea sowie dem im Rahmen der Auseinandersetzung mit Kassandra gewachsenen und problematisierten Wissen einer *Umwertung der Werte* (VeE 170; 134) infolge der Durchsetzung einer patriarchalen Lebens- und Denkform tritt hervor,

---

[82] Cf. Foucault: Ordnung..., 17-30.
[83] Foucault: Nietzsche..., 146: *Was Nietzsche seit der zweiten der 'Unzeitgemäßen Betrachtungen' immerzu kritisiert hat, ist jene Historie, welche den überhistorischen Gesichtspunkt einführt (und ständig voraussetzt): [...]; eine Historie, die alles hinter ihr Liegende vom Blickpunkt des Weltendes ansieht [...].*

daß auch Christa Wolf dem Wandel von Diskursen nachfragt. Sie nähert sich hier von einer anderen Zeit und gleichsam von einer anderen Seite jener von Nietzsche mit dem von ihm geprägten Ausdruck der *Umwertung der Werte* angezeigten Herausbildung von lebensbestimmenden Bedeutungen in einem Zusammenstoß unterschiedlicher Kräfte, so daß die Werte weder überzeitlich noch in diesem Sinne wahr sind, sondern Kristallisationspunkte von Herrschaft, Sieg und Interpretationsmacht darstellen.[84]

Gleichzeitig aber hält gerade das schmerzende Wissen um die von Menschen herbeiführbare Wandelbarkeit von Denk- und Lebensmustern jenes *utopische[...] Element* lebendig, wie es die Autorin in der Literatur und auch in ihren Kassandra- und Medea-Texten, obgleich diese den Wandel zum Problematischen, zur Zerstörung von sich selbst sowie anderen schildern, blitzen sieht: *Nicht nur der Schmerz um ein verlorenes Glied, auch der um noch gar nicht ausgebildete, nicht entwickelte Glieder, um nicht wahrgenommene, nicht gelebte Gefühle, um uneingelöste Sehnsucht. Dies alles aufgehoben in der Literatur – seit wann?* (VeE 117; 91)

Eine Antwort entzieht sich. Doch stellt der literarisierte und daher bekannte Mythos jenen Diskurs dar, welcher bislang Kassandra und Medea im Netz des von ihm suggerierten Geschehens hielt. Medea, die selbst vor Bruder- und Kindermord nicht Zurückschreckende (Euripides), Kassandra, welche zur Strafe für ihre Verweigerung gegenüber Apollon den Untergang Troias ungehört prophezeite - dies sind die Bilder, innerhalb deren wir den beiden Frauen bislang Leben zugestanden, so daß hier der Mythos die Rolle des über das Aussagbare entscheidenden Diskurses übernahm: Unser Wissen und Tun nährt sich aus dem, was über die Jahrhunderte in der Sprache mitgeschwemmt wurde.

Lenkt bei Kassandra das Gespür für das Besondere in der Gestaltung der Figur durch Aischylos der Autorin Aufmerksamkeit auf das, was hierin noch mitzuschwingen scheint,[85] so bildet bei Medea ihre Ungläubigkeit gegenüber der bekannten Version, die so sehr dem Namen dieser Frau, *die guten Rat Wissende*, die Heilende widerspricht, den Anstoß ihrer Recherche: *Das konnte ich nicht glauben. Eine Heilerin, Zauberkundige, die aus sehr alten Schichten des Mythos hervorgegangen sein mußte, aus Zeiten, da*

---

[84] Cf. Anm. 42.
[85] VeE 24; 18: *Woran erinnert sich der Grieche dunkel, wenn er solche Frauen schafft?*

Kinder das höchste Gut eines Stammes waren [...] – die sollte ihre Kinder umbringen? (HA 165)

Die Suche nach den Alternativen im Mythos selbst muß jedoch in dem Moment hinter die bekannten Versionen desselben zurückgehen, da diese als Instrumente erkannt wurden, Ausgrenzung zu fixieren und zu rechtfertigen.

Wie in der Geschichte begegnen wir auch in der Literatur, in unserem Falle im Mythos, bestimmten Werten. In dem Moment, da diese in Frage gestellt werden, bedürfen auch ihre Medien eines fragenden Blickes, da *die Bewertung von Handlungen nur möglich ist, wenn man das Wertesystem, dem sie entspringen, mit bewertet* (VzT 45). Wie nun aber vermag eine solche, den Ausstieg aus den eigenen Verwachsenheiten voraussetzende Bewertung der Werte möglich sein? Welche Maßstäbe können dieser zugrunde gelegt werden?

Hier nun scheint der Mythos selbst einen Weg anzubieten. Mit der Entdeckung anderer Mythenvarianten, der vertiefenden Beschäftigung mit damaligen Lebenswelten, erarbeitet Christa Wolf sich die Voraussetzungen zu einer Subversion des bekannten Mythos, welche zugleich den Blick freistößt darauf, wie Geschichte 'gemacht' wird.

Der Mythos erfüllt in diesem Sinne eine doppelte, einander widersprechende Aufgabe: Einerseits bildet die Kommunikation mit ihm und das Einlassen auf die Mythen die Möglichkeit, schreibend das Vorurteil der Einmaligkeit, welches jeder seiner Gegenwart entgegenzubringen neigt, zu hintergehen – durch einen Sprung in eine fernab liegende Zeit mit scheinbar anderen, gar vom Schleier der Sagenhaftigkeit umwobenen Menschen, in denen der Lesende sich urplötzlich erkennt.[86] Auf diese Weise vermag die andere Art Wirklichkeit des Mythos – *Den Mythos lesen lernen ist ein Abenteuer eigner Art; eine allmähliche eigne Verwandlung setzt diese Kunst voraus [...], einem anderen Inhalt des Begriffs "Wirklichkeit" sich hinzugeben* (VeE 75; 57) – uns in eine andere Blickposition auf unser jeweils eigenes Heute zu stoßen. Daher hebt Christa Wolf auch den durch einen bestimmten zeitlichen Abstand für uns bewirkten Modellcharakter des Mythos, der *offen genug ist, um eigene Erfahrung aus der Gegenwart aufzunehmen* (ebd.), hervor.

---

[86] Cf. HA 164: Die *Erzählungen [des Mythos sind] fast märchenhaft [...] und doch so wirklichkeitsgesättigt [...], daß wir Heutige uns in den Verhaltensweisen seiner handelnden Personen erkennen können [...]*

Andererseits aber wird auch der offizielle Mythos zu Kassandra und Medea aus seiner Gültigkeit herausgehoben, indem die bisherigen Primär- und Sekundärträgerinnen der Handlung ihre Sicht auf das bislang unpersönlich objektiv Berichtete schildern.

In diesem Paradox der Relativierung unserer Perspektiven, die so umfassend ist, daß das Mittel der Relativierung selbst – die Mythen – einbezogen werden, finden wir jene schon erwähnte Verschränkung von Geschichts- und Gegenwartshinterfragung auf der einen Seite und kritischer Beurteilung des Erzählens-über, wie es durch und in den Mythen, aber auch in der Literatur im allgemeinen wirksam wird, auf der anderen Seite.

Da in beiden Mythen die Brüche nicht ganz verschüttet sind, vermag Christa Wolf sie mit ihren Fragen, z.Bsp. warum ein männlicher Gott einer Frau die Sehergabe verleiht[87], weiter aufzureißen und hier einen Weg zu bahnen, aus dem über Jahrtausende etablierten, auch sie durchdringenden Werterahmen herauszusteigen.[88]

Möglichkeiten des Umgangs mit der Ambivalenz des Mythos

Schon in den Mythen werden die Anfänge jener Ausdeutung der Wirklichkeit lokalisiert, die denen obliegt, welche die Wirklichkeit und deren Öffentlichkeit bestimmen. Mit dem Sieg der Griechen über die Troer verbindet Christa Wolf auch jenen der griechischen Lebenspraktiken, ihren Gewinn des *Monopol[s] über [die] Geschichte [der Troer], über ihre Sagen und Mythen [...]: Sie hatten es nun in der Hand, ob und wie diese Geschichten weitererzählt, umgeformt, umgedeutet und in die Geschichte der [...] Hierarchie, [...] Eigentumsverhältnisse und der dazu zwingend notwendigen Denk- und Wertekategorien des [...] Patriarchats eingebaut und aufgehoben wurden.* (HA 162)

Gleich der Historiographie dient der Mythos einer Repräsentation jener, welche in der Schrift über die Öffentlichkeit und Traditionsbildung sowie -auslegung verfügen.[89] Die Erzählung, wie etwas gewesen ist, d.h. die Festlegung des Geschehens auf ein bestimmtes Wie, eine bestimmte Sicht, innerhalb einer Kultur, eines Volkes oder eines Staates, verleiht Kontinuität und Einheit. Hier wird jedoch eine Einheitlichkeit suggeriert, welche die Verschiedenheiten, das Andere, die Alternativen sowohl der Anfänge als auch späterer Abläufe versteckt. Sie konstituiert sich somit mittels eines Ausschlußes. Die Erzählung – wer in ihr der Handelnde, wer jedoch der 'Page', der Handlung stumm-verschwiegen

---

[87] Cf. ebd., 162; : *Wieso gibt ein männlicher Gott die Sehergabe an eine Frau, wo doch in den frühesten Zeiten nur Frauen Göttinnen, nur Frauen Priesterinnen und Seherinnen waren?*
[88] Ihr Verhalten zum Mythos ähnelt in Intention und Methode der von Husserl nach Déscartes weitergedachten Epoché, welche auf eine Befreiung von den eigenen Vorurteilen zielt.
[89] Die folgenden Ausführungen korrespondieren eng mit den Gedanken von Rada Iveković, 17 ff.

Ermöglichende ist – basiert auf dieser künstlichen Einheit und wird zugleich um ihretwillen tradiert. Mit dem Weiterzählen in der Zeit ersetzt die Erzählung selbst das Gedächtnis – der verkürzte Blick prägt sich ein: So ist es gewesen. Wer aber die Anfänge des Erzählens derartig besetzt hält, bestimmt auch die Gesichtsfelder aller Späteren auf Vergangenheit und Gegenwart.

Auch die *Ilias* von Homer *auf der Grenze zwischen Mythos und Geschichtsschreibung* (VeE 84; 64) bildet somit noch vor der Historiographie das erste manifeste, heute noch greifbare Instrument einer Wirklichkeitsdeutung, welches doch zugleich den Boden, auf dem es geformt wurde, nicht ganz zu bedecken vermag.

Denn das Anders-Lesen des Mythos, das aufmerksame Abhorchen desselben auf seine Untertöne, die Entdeckung anderer Varianten, die Umkehrung dessen, was in ihm ins Offene ragt,[90] ermöglichen andererseits, das Woher und das Wie dieses Instrumentes zu enthüllen. Wo jedoch die Erzählung an die Stelle des Gedächtnisses getreten ist, entspricht ein Anders-Erzählen schon einem Gedächtnissturz. So wird in der erzählenden Erinnerung Kassandras, Medeas und der übrigen Personen ein anderes Gedächtnis evoziert und gleichzeitig rekonstruiert.[91]

Auch auf diese Weise **entmythologisiert** Christa Wolf den Mythos aus sich selber heraus, indem sie ihn im Wiederbeleben der einzelnen Stimmen **remythologisiert**. Denn wie Ausschluß und Ausgrenzung umgesetzt werden in Tat und Rechtfertigung, läßt der Mythos noch erkennen, wird er mit einem grundsätzlich fragenden Blick gelesen. Die Etablierung einer ganz bestimmten Variante im Gegensatz zu anderen führt in sich schon den Ausschluß mit. Indem er mit Hilfe der unsere Überlieferung tragenden Schrift uns unser Sprechen über Kassandra und Medea vorgibt, wirkt er zugunsten eines schwer lokalisierbaren *Willen[s] zur Wahrheit.*[92]

Aber auch den Spuren der Wirksamkeit desselben in den Einzelnen sucht Christa Wolf nachzuspüren, indem sie die Repräsentation mittels der Repräsentierten aufhebt. Sie kehrt den Frauen bislang innerhalb der Literatur und der Geschichte zugeschriebenen Objektestatus um. Wo sie aber insbesondere mit Kassandra diesen *blinden Fleck*, wie er sich in der Scheidung der Menschen in Subjekte und Objekte birgt, sichtbar werden lassen

---

[90] Cf. HA 163: [...]*wenn man den Schleier der Rationalisierungen wegzieht [...].*
[91] Cf. auch Gutjahr in Mauser, 54 f.
[92] Foucault: Ordnung ..., 17.

will, tangiert sie wieder Foucault. Widmet dieser sein Fragen den *"Prozessen der Subjektivierung"*, insofern diese *im Übergang von der antiken Welt in die moderne Welt den Einzelnen dazu bringen, das eigene Selbst zu objektivieren und sich als Subjekt zu konstituieren, indem sie sich zur gleichen Zeit an eine äußere Kontrollmacht binden,*[93] so schreibt Christa Wolf sich an das Wie der Subjektwerdung insbesondere von Frauen heran, denn: *Besteht [Kassandras] Zeitgenossenschaft in der Art und Weise, wie sie mit Schmerz umgehn lernt? Wäre also der Schmerz – eine besondre Art von Schmerz – der Punkt, über den ich sie mir anverwandle, Schmerz der Subjektwerdung?* (VeE 115; 89) Auch wenn nun ihr Blick nicht in der Richtung des Philosophen auf eine *radikale Kritik des menschlichen Subjektes*[94] zielt und sie im Gegenteil in Kassandra und Medea Frauen präsentiert, welche noch ganz von der Vorstellung der Bedeutung eines erkenntnis- und autonomiefähigen Subjektes getragen werden, so verwirklicht sie doch mittels eines öffnenden Rückgriffs auf den Mythos eine historische Analyse dieser *Subjektwerdung*, indem sie die politischen Bedingungen des Zusammenlebens in Troia, aber auch in Korinth als die entscheidenden Faktoren zeigt, *durch die sich Erkenntnissubjekte[, d.h. aber vor allem die uns selbstverständliche Vorstellung von ihnen] bilden.*[95] Allerdings ist Christa Wolf wohl der utopischen Valenz der Ausrichtung ihrer Hoffnungen und Gedanken eingedenk, insofern diese um eine Befreiung des Einzelnen von *allem Glauben* (VeE 116; 90) kreisen.

Außerdem deckt sie die Hintergründe von Verstellungen und die Beweglichkeit anscheinend festgefügter Menschen-Bilder auf. Der von der Autorin erwähnte Schmerz der Subjektwerdung erwächst vor diesem Deutungshorizont nicht so sehr einer verlorenen Einheit des Lebensgefühls als einer Einsicht in die Über- und Verformungen, welche den Wörtern 'ich', 'selbst' und 'eigen' zugrunde liegen und sie in ihrer wirklichen Fremdheit enthüllen.

Die von Christa Wolf in ihren *Voraussetzungen* angesprochene Idolisierung von Frauen ist somit ein Teil dieser Subjektbildung, prägt sie doch bis heute das Selbstverständnis von Frauen und Männern. *Idol von griechisch "eidolon"* = *Bild. Das lebendige*

---

[93] Agamben: Homo sacer, 131: *[...] Foucault continuò tenacemente fino alla fine a investigare i "processi di soggettivazione" che, nel trapasso fra il mondo antico e il moderno, portano il singolo a oggettivare il proprio sé e a costituirsi come soggetto, vincolandosi, nello stesso tempo, a un potere di controllo esterno [...]*
[94] Foucault, Archivio 2, 85: *[...] critica radicale del soggetto umano da parte della storia che bisogna spingersi [...] – [...] eine radikale Kritik des menschlichen Subjektes von Seiten der Geschichte, die es voranzustoßen gilt [...].*
[95] Cf. ebd., 96 & Anm. 39.

Gedächtnis wird der Frau entwunden, ein Bild, das andre sich von ihr machten, wird ihr untergeschoben [...]. (VeE 189; 148) Daher vermag deren Aufdeckung, indem das teils verlorengegangene, teils geraubte Erleben und Gedächtnis der Frauen selbst dem gesprochenen Wort anzuvertrauen gesucht wird, auch (gegen die Absicht Christa Wolfs) Einsicht in die noch vor der Idolisierung wirksame Entfremdung zu bieten.

Dies gründet in einem schriftstellerischen Verhalten, welches mit einem kurzen Seitenblick umrissen zu werden verlangt, um schließlich in dieser Weise die Brücke zu Kassandra und Medea zu bilden.

Um-Blick: Dem Mythischen eine Schrift finden? – Ausstieg aus der Ästhetik

Es galt bis hierher zu zeigen, daß der Dialog Christa Wolfs mit Kassandra und Medea sich in einem durch die Spannung von Geschichte, Mythos, abendländischer Literatur einerseits und Mythisch-Mündlichem andererseits geformten Gelände entfaltet. Christa Wolf läßt uns in ihren *Voraussetzungen zu einer Erzählung* an ihrem Versuch teilhaben, sich als Schreibende in diesem widerspruchgesättigten Umfeld, in dem schon seit urfernen Zeiten, seit Aristoteles, entschieden zu sein scheint, was in welcher Form geäußert werden darf, zu verorten.

Sie wählt hierfür den Weg der Infragestellung. Insbesondere in ihrer Vierten Vorlesung, einem Brief über *Eindeutigkeit und Mehrdeutigkeit, Bestimmtheit und Unbestimmtheit; über sehr alte Zustände und neue Seh-Raster; über Objektivität* bündelt sich ihre Mangelempfindung gegenüber der Ästhetik, die sie als *vom männlichen Selbstverständnis geprägten* (VeE 190; 149) Diskurs identifiziert. Sie selbst benennt die Ästhetik zwar nicht als solchen, jedoch kreisen ihre Ausführungen indirekt mindestens um zwei jener drei von Foucault identifizierten, den Diskurs treffenden *Ausschließungssysteme*: *das verbotene Wort; Ausgrenzung des Wahnsinns; Wille zur Wahrheit*.[96] So werden insbesondere das erst- und das letzterwähnte in der von ihr später pointiert vermerkten *Ausgrenzung des angstmachenden weiblichen Elements* (VzT 50) wirksam.

Die Achse ihrer Überlegungen bildet die Frage, *bei welchem [der] Geistesriesen [sc. der abendländischen Literatur] Du, als Schreibende, anknüpfen könntest.* (VeE 185f.; 146) Die Antwort scheint im fehlenden Fragezeichen vorweggenommen.

Mittels des Gedichts *Erklär mir, Liebe* von Ingeborg Bachmann führt Christa Wolf die Adressatin ihres Briefes (und die Lesenden) in die Schwebesphäre der Möglichkeiten, wie

---

[96] Foucault: Ordnung..., 16.

sie hinter einzelnen Wörtern verborgen liegt. Die Vieldeutigkeit insbesondere der *Liebe, des Du,* in diesem Gedicht reicht ihr ein Beispiel für die *Grammatik der vielfachen gleichzeitigen Bezüge* (VeE 165; 129), der Pluridentität, welche Eindeutigkeit, Erklärbarkeit, Objektivität fliehen. In deren Vorspiegelung aber scheinen sich gerade die Vorgaben der klassischen Ästhetik weitgehend zu erschöpfen. Das in dieser immanent vor-geschriebene Wirklichkeitserleben, in dem die schreibende Frau auch sich selbst durch Jahrhunderte hinweg als eine vor-geschriebene, durch Erwartungen und Wünsche der Männer vorgeformte Rolle wahrnehmen muß, vermag vielleicht nur von einer Selbstbehauptung her in eben dieser Pluridentität, d.h. aber in einer Aufhebung der Übereinstimmung mit irgendetwas und irgendwem und mit jedweder Möglichkeit, sich auf eine Identität festlegen zu lassen, durchbrochen zu werden.

Die in der Ästhetik wirksame und sich behauptende Ersetzung von Frauen-Leben durch Bilder und Idole derselben, die Verhinderung von Unmittelbarkeit der Äußerung für Frauen wirft die sich dessen Bewußtwerdende in ein *generationenbreites Gelände, in dem die schreibende Frau beinah oder wirklich noch verlorengeht: an den Mann, an die Männer-Institutionen, [...] Parteien, Staat* (VeE 189; 148). Wieder tangiert Christa Wolf hier in ihrer Problematisierung, wie subjektiv erlebte Wirklichkeiten zu objektiv gültigen resp. in Geltung 'gesetzten' Wahrheiten gerinnen, direkt den Umgang sowohl der Literatur als auch der Geschichte mit Frauenleben, da doch für beide gilt, daß *der Diskurs der Realität ihrer Anwesenheit keine Rechnung trägt; blind, nimmt er sie nicht, außer durch ein Bild wahr [...]. Der Diskurs enthüllt sie nicht: er erfindet sie, er definiert sie mittels eines gebildeten (also männlichen) Blickes, der nicht anders kann als sie sich selber zu entziehen.*[97] Auch Kassandra und Medea werden schließlich jede für sich den Raum ausschreiten, welcher zwischen der Suche nach einem (von ihnen) selbst bestimmten Standort und der immer schon von anderen und deren Deutung besetzten, sich somit eigenem Zugriff entziehenden Wirklichkeit aufklafft.

Ingeborg Bachmann mit ihrem Todesarten-Projekt und Marieluise Fleißer sind Christa Wolf während ihres Versuches, den schmalen Grat zwischen Selbst- und Fremdbestimmung mit eigenen Worten herauszuschälen, Zeuginnen, Wegebahnerinnen und zugleich Gefährtinnen.

---

[97] Storia delle Donne: Dal Rinascimento..., 3: *[...] il discorso non rende conto della realtà della sua presenza; cieco, non la percepisce che attraverso un'immagine [...]. Il discorso non la svela: la inventa, la definisce attraverso uno sguardo erudito (e quindi maschile) che non può che sottrarla a se stessa.*

So kristallisiert sich im wütend-kämpferischen Lichte der Vierten Vorlesung angesichts des Romans *Malina* von Ingeborg Bachmann eine Möglichkeit, als Frau zu schreiben, aus: *Eine Besessenheit muß Worte finden, die sich an das Ritual, das bändigt, nicht halten kann [...]; eine andre Art Logik [...], eine andre Art, Fragen zu stellen (nicht mehr das mörderische Wer – wen?), eine andre Art Stärke, eine andre Art Schwäche. [...]; da stürzen, wohin man blickt, wo man eine Seite aufschlägt die Alternativen, die unsre Welt [...] bisher gehalten und zerrissen haben, in sich zusammen [...].* (VeE 193; 151) Ein Schreiben wider die Formelhaftigkeit und in Jahrhunderten sowie Gewohnheiten verkrusteten Realitätsblicke, die immer sogleich zu (ent-)scheiden wissen zwischen *unrealistisch, realitätsfern* (VeE 150; 118) und realitätsgerecht, und deren sich in der Einschätzung von Literatur maßgebend niederschlagenden *Konsequenzen für die Ästhetik* (VeE 151; 118), wird hier evoziert.

Nicht aber *Besessenheit*, sondern eine mögliche, hinterfragbare Weise, zu dieser zu finden, sich zu ihr zu bekennen, begegnen in Kassandra und Medea sowie ihrer jeweiligen Entscheidung gegen eine mögliche Flucht.

Das Schreiben als Frau entspricht jenem von einer Außenseiterposition aus. Für Christa Wolf impliziert dies die Notwendigkeit, sich herkömmlichen Sicht- und Schreibweisen zu entziehen, insofern sie als 'Außenseiterin' in ihre eigenen Worte und Ausdrucksweisen finden will. Dieses ist jedoch mit einem gestaltenden Ausloten einer anderen Art von Wirklichkeitserleben verbunden, so daß hier in enger Verflechtung Dekonstruktivität und Konstruktivität einander bedingen. Das bisherige Schweigen in der Literatur, welches die Abwesenheit von Frauen *als Handelnde, Gewalttätige, Erkennende* (VeE 146; 115) suggeriert, wird durchbrochen, indem Christa Wolf dem Entzogenen, bislang Unerzählbaren hinterherzutasten sucht. Die Verweigerung gegenüber der bisherigen Schreibpraxis, wie sie der Ästhetik entwuchs, bildet die schriftstellerische Ausgangsbasis der Autorin, welche auch die Gestaltung ihres Verhältnisses zu den Mythen beeinflußt. Denn das Mythische, das lebendig-singuläre Erleben, im Mythos wie in jeder Literatur, welches sie zwei Figuren – Kassandra und Medea – nachfragend entdeckte, und dem ein merkwürdiges Oszillieren zu eigen ist, insofern es nicht seiend doch ist, bildet schließlich die Voraussetzung, trotz und aus dieser Verweigerung heraus zu schreiben.

Hierbei begünstigt nun das eigene Frausein auf der Schwelle zwischen Anpassungsdruck und Widerstandswunsch das Formulieren von jenem Zwiespalt, in dem sich jeder befindet, der in ein System, eine Gesellschaft integriert ist und zugleich von dieser vernachlässigt wird. Denn die Wahl zwischen einer weiteren Anpassung innerhalb der hierfür vom System gewiesenen Bahnen oder dem Ausscheren um den Preis einer nahezu umfassenden Haltlosigkeit scheint sich auch Christa Wolf aufzunötigen. Dieser vorausgehen muß aber das Sehen, das Aufspüren jener Mechanismen, die auf eine Sprache und Eigenwillen raubende Eingliederung des Menschen zielen. Um diesen nun sich anzunähern und sie zu sehen, sucht Christa Wolf ihre Begegnung mit Kassandra und Medea schreibend einzufangen. Dabei scheint es ein bedeutsamer Zufall zu sein, daß Kassandra Seherin ist und als solche schon durch ihren 'Beruf' in das Spannungsfeld zwischen Aufbegehren und Anpassung geworfen wird.[98] Mißbrauchbarkeit und ihre Ursachen, die Disponibilität des/der Einzelnen für *Selbstverleugnung* (VeE 114; 89) spannen schließlich den Hintergrund für ihr Zusammentreffen mit uns über die Zeiten hinweg.

II. Kassandra im Spannungsfeld von Mythos und Mythischem

Vorspann

Die bisherige, bei Katharina Glau ausführlich dokumentierte Interpreten-Literatur betrachtete die Erzählung *Kassandra* bevorzugt unter drei Gesichtspunkten, welche in die Verhältnispaare Mythos – Logos, Mythos – Geschichte sowie Mythos – Psychologie einmündeten. Als verbindendes Glied trotz aller inhaltlichen Akzentunterschiede fällt der antithetische Blick, welcher diesen Deutungen zugrundeliegt, auf. Da die vorliegende Arbeit nicht auf eine Wiederholung und zusammenfassende Darstellung des schon Geleisteten zielt, vielmehr Aspekte einzelner Interpreten und Interpretinnen nur integriert werden sollen, insofern sie den Blickwinkel dieses Deutungsversuches befruchten, ergänzen und stützen, sei für ein Panorama bisheriger Forschungsinteressen auf Katharina Glau verwiesen.[99]

Der Blick der nachfolgenden Annäherung an Kassandra wird sich in zwei Richtungen, wie sie die Ausführungen des ersten Kapitels weisen, entfalten. Einer Betrachtung des in der

---

[98] Vor diesem Hintergrund darf auch nicht die Gleichsetzung übersehen werden, welche Christa Wolf zwischen Seherin und Dichterin/Autorin vornimmt, indem sie diese in eine, derselben *magischen Wurzel* (VeE 183; 143f.) entwachsene Reihe stellt und ihre *Voraussetzungen* mit den Bachmann/Franza-Worten einer *Kassandra[,] heute* (VeE 198; 154), beschließt. – Cf. auch Glau 138ff., wo sie als Hintergrund für eine *Synkretisierung von Seher-und Dichterberuf* (142) in Kassandra Einflüsse der Romantik exemplifiziert.
[99] Cf. Glau 47-54 (Mythos – Logos), 55-78 (Mythos – Geschichte), 78-100 (Mythos – Psychologie).

imitierten Mündlichkeit,[100] in der Selbst-Erzählung Kassandras auflebenden Mythischen im Sinne einer Rede von Gewesenem wird die Frage korrespondieren, ob das Sehen Kassandras in seinen verschiedenen Ausprägungen (Praktiken) in einer Beziehung zu dem im ersten Kapitel näher ausgeführten anderen Blick auf die Geschichte und die gelebte Gegenwart verortet werden kann. Vermag die von Kassandra geschilderte Wahrnehmungsänderung tatsächlich in der Richtung *vom Sehen zur Seherin*[101] gefaßt zu werden, oder gestaltet sich dieser Prozeß diffiziler? Entwickelt er sich nicht umgekehrt, um sich dann erst in der Todesgewärtigkeit und der aus ihr sich erschließenden Notwendigkeit zur Rückschau in der von Weigel monierten Weise zu verhärten? Ein Leitfaden, welcher bei der Betrachtung sowohl der Erzählung als auch des Romans besondere Aufmerksamkeit herausfordert, wird hiermit schließlich aufgenommen: Welches Zeitempfinden der Autorin klingt hier an, um schließlich in *Medea. Stimmen* voll zu tönen?

Was überwunden werden muß, soll erzählt werden.[102] – *Motivation und Äußerung des Mythischen*

Kassandra tritt gleichsam als eine andere Lesart der Fragen *Wie sind wir so geworden, wie wir heute sind?* (KM 267) sowie der *Schwierigkeit, ich zu sagen* (N 167) und gleichzeitig Nein, aus dem Œuvre Christa Wolfs hervor.

Wieder begegnet uns hier ein Tasten nach den wegbestimmenden Gabelungen eines Menschenlebens unterwegs zu sich, hinter dem die Lesenden jedoch ein Wir lebendig fühlen: Wer vermag sich dem vom Schatten des Todes zur Dringlichkeit gestimmten Erzählrhythmus Kassandras, wie er um die Frage nach den Gründen für Verblendung und Blindheit dieser Einzelnen, einer **Seherin**, sein Thema entfaltet, zu entziehen? Wem gingen der hier geschilderte Untergang nicht nach und die in der Erzählung einer Betroffenen offengelegten Spuren der Verantwortlichkeit auch des Einzelnen mit seiner Neigung, sich in seine Vereinzelung wie in einen schirmenden Vorwand für seinen Entzug in die Antwort- und Verantwortungslosigkeit gegenüber dem Geschehen zu hüllen?

Dabei wurzelt der Reiz der Erzählung in der Öffnung des Innenblicks für ein dem Lesenden in seinen groben Umrissen entweder schon bekannt gewesenes oder in den *Voraussetzungen einer Erzählung* bekannt gewordenes Terrain, wie es das von Homer

---
[100] Ebd., 154.
[101] Weigel 86.
[102] DA 307.

erzählte, mit seinem Inhalt von der Geschichte des trojanischen Krieges traditionsbildende Epos *Ilias* darstellt.

Der Leser wird in *Kassandra* infolge seiner durch die Erzählerin vermittelten Zuhörerschaft hineingenommen und geführt nicht über die Schlachtfelder mit ihrem Waffengeklirr, auch nicht durch die Streitigkeiten und Verwicklungen der Götter, sondern durch Troja selbst mit seinen durch die Jahrhunderte hindurch dem Schweigen verfallenen All-Tagen, indem mit der bislang stummen Stimme Kassandras der Aufbruch eines durch die Worte Homers verstellten Hintergrundes mitvollzogen wird. Die in die Lexika sowie das Allgemeinwissen als unerhörte Prophetin des troianischen Unterganges eingegangene Kassandra ist hierbei jedoch zuallererst ihre eigene Führerin.

Aus ihrer Erzählung schwingt sich schließlich die Frage herüber, inwiefern ihr Nichterhört-werden wie für sie selbst, so auch für die ihr folgenden Gesellschaften eine Strategie menschlicher Ausflucht – Wirklichkeitsflucht – darstellt, welche im Kassandra-Mythos in der ihr eigenen, da die Geschichte prägenden, *Bedeutsamkeit*[103] erfaßt wurde.

Denn indem Kassandra die sie umspinnende Geschichte der vom Gotte zur Resonanzlosigkeit verfluchten Unheilsbotin mit ihren eigenen Worten aufrollt, tritt auch sie selbst uns mit jener im Mythos allein den anderen zugeschriebenen Ungläubigkeit gegenüber dem Geschehen entgegen. Deren Gründen im Verhaftetsein in Bedürfnis und Wunsch nach Beständigkeit einmal ge- und erlebter Strukturen und Verhaltensmuster zeigt Kassandra hier auf. Nicht der Gott, sondern eben jene ungewußte, mächtig-bindende Selbstverpflichtung zur Loyalität gegenüber Hergebrachtem und gegenüber ihrer Familie, die als Sicherheit empfunden wird, werfen in Kassandra den Graben auf, der sich im Nichtwahrhaben-wollen der Vorgänge und Veränderungen im Palast öffnet.

So läßt die von Christa Wolf erstrebte *Rückführung* des Mythos in seine *historischen und sozialen Koordinaten* (cf. VeE 142; 111) das Woher des Kassandra-Mythos aufleuchten, indem in Kassandra selbst sein Grund ausgelotet wird. Dabei zeichnet sich ab, wie Verdrängung, Gespaltenheit zwischen *Hang zur Übereinstimmung mit den Herrschenden* (K 264; 72f.) und Erkenntnisgier, das Streben nach Einsichtnahme in Zusammenhänge, nach planender Vorwegnahme der Zukunft, ohne aber einen Schatten auf dieser akzeptieren zu wollen, so, wie sie im Mythos angedeutet werden, von einer einzigen Person gelebt werden können.

---

[103] Cf. Blumenberg 77, zum Zusammenspiel des Subjektiven (als *Endlichkeit*) und Objektiven (als *Begründung, mehr oder weniger ritualisierte[...] Wissenschaftlichkeit*) in ihr.

Die Voraussetzung aber, dieses Leben noch einmal zu rekapitulieren, bildet jener 'Umschlag', da Kassandra sich als im Gewirr *falsche[r] Alternativen* (VeE 156; 121) befangen anerkennt und neuen Rückhalt in der Gruppe der Frauen und Männer am Ida-Berge findet, um weder dem Schmerz noch der Resignation zu erliegen, wie sie dem nunmehr geklärten Verhältnis zwischen Selbstentwurf und den fremden 'Händen', die ihn immer schon mitentworfen haben und zeichnen, zu entsteigen drohen.

Auch wenn Kassandra nicht spricht, denn *das wäre unglaubwürdig, unmöglich* (DA 915) und ihr plötzliches Begehren nach einer *junge[n] Sklavin mit scharfem Gedächtnis und kraftvoller Stimme* (K 284; 93) im Unerhörten versinkt, vernehmen wir sie doch, als erzählte sie ihre Geschichte, so daß hier das ursprünglich Mythische in Gestalt einer einzelnen Wirklichkeitsdeutung auflebt, die sich zugleich als Selbstdeutung geriert.

In ihren Worten erwacht der Mythos wieder mit all seinen uns ins Sagenhafte entrückten Gestalten. Da diese Art der Rückführung eingeschliffener Geschichten in das lebendige Wort von Einzelnen im ersten Kapitel mit dem Begriff des Mythischen benannt wurde, begegnen wir hier jener für Christa Wolf und ihren Umgang mit dem Mythos herausgearbeiteten Verschränkung von Entmythisierung und Remythisierung. Denn auch hier bildet letztere die Bedingung der Möglichkeit für die Spielarten der Entmythisierung. Diese verwirklicht sich als Historisierung[104] und gleichzeitige Aktualisierung[105] des Geschehens. Letztere lebt in umgangssprachlichen Wendungen, der alltagsnahen Wortwahl auf und vollzieht sich vor dem Hintergrund einer in den *Voraussetzungen* vorgenommenen Rückbindung der Erzählung an die Gegenwart.

Der stärkste entmythologisierende Impuls strahlt jedoch von Kassandra selbst und ihrer Schilderung des Geschehens aus, nicht allein, weil alle anderen Arten der Entmythologisierung hierin motiviert sind, sondern weil sich in ihnen ein Mensch vorstellt, in dessen Integrations- und Haltsuche ein Wiedererkennen möglich ist. Denn die Gestalt Kassandras tritt aus ihrem festen Rahmen heraus und wird zu einer die Stellungnahme des Lesenden herausfordernden Person, indem sie 'spricht'.

Legt sie hierbei die tatsächlichen Hintergründe des troianischen Krieges frei, so verlieren sich diese nicht wie im Mythos im Überirdischen oder im weitgehend Abstrakten einer um

---

[104] Cf. VeE 142; 111: *Mein Anliegen bei der Kassandra-Figur. Rückführung [...] in die (gedachten) sozialen und historischen Koordinaten.*
[105] Aktualisierung, bei gleichzeitiger Historisierung und Psychologisierung als Charakteristika zeitgenössischer Mythenrezeption werden in anderen Sekundärwerken jeweils mehr oder minder breit ausgeführt, so daß ich für eine Orientierung insbesondere auf Birgit Roser verweisen möchte, ohne selbst diese Begriffe theoretisch zu vertiefen. Zur Historisierung des Mythos bei C.W. cf. auch Weigel.

die 'Tatsächlichkeit' der politisch-wirtschaftlichen Hintergründe der troianischen Zerstörung bemühten frühgeschichtlichen Rekonstruktion, sondern sie gründen konkret in den Menschen und der Entwicklung ihres Miteinanderlebens.
Kassandra erzählt ihre Geschichte in der Gegenwärtigkeit des gelebten sowie des noch zu (er)lebenden letzten Schreckens – des Todes. Neben der erzählimmanenten Situation Kassandras, welche jener bei Aischylos entspricht,[106] korrespondiert ihre a-resignative Haltung textextern mit den *Voraussetzungen zu einer Erzählung*. Wurde dort eine bestimmte Art des Schreibens als Bestandteil und Instrument einer Objekte kreierenden Ästhetik herausgestellt, um zu begründen, warum Christa Wolf in ihren Poetikvorlesungen keine Poetik vorweisen mag, so erwuchs dem die Notwendigkeit, sich mittels einer anderen, einer 'Ästhetik' des Wi(e)derschreibens, auszudrücken. Diese andere 'Ästhetik' vermag bei einer Ernstnahme aller gegen die herkömmliche Literaturtheorie und Poetik vorgebrachten Einwände allein noch eine Praxis, ein suchendes Um-schreiben von Linearität und *Geschlossenheit* (DA 913f.) zu sein.
Derartiges wird nun von Kassandra in erster Person versucht, indem sie auch mit dem Wissen, daß die Erzählung *mit [ihr] in den Tod* (K 201; 5) gehen wird, diese nicht im Wortlosen belassen will.
Sowohl für Kassandra als auch für Christa Wolf ist dies ein Versuch wider die Resignation. Es scheint gerade in jenem letzten Zusammenraffen aller Erinnerungen die Bestätigung für ein bislang unbestimmtes 'Ich'-Empfinden zu liegen, so daß dieser merkwürdig zwischen den Erzählinstanzen schwebende Satz – *Mit der Erzählung geh ich in den Tod.* (ebd.) – gleich einer nachdrücklichen Einforderung des Ich, das binnen kurzem ermordet werden soll, gelesen werden kann, wobei die Doppeldeutigkeit der Bezüge hinter demselben bestehen bleibt und die Individualität des Ich in ihrer wörtlichen Bedeutung trotzdem *Unteilbarkeit* im Zweifel beläßt.
Die Anspannung der Erinnerung, des Sich-Rechenschaft-gebens hindert Kassandra, sich ihrer Angst und Todesfurcht zu überlassen. Zwischen sie und ihre unmittelbare Gegenwart schiebt Kassandra das Vergangene. Unser Bild von Kassandra gerät in Bewegung, sobald es von sich aus sich heraus zu sprechen anhebt, so daß unser Wissen um Kassandra eine andere Tönung erhält. Die Innensicht Kassandras weitet des Lesenden Außensicht auf

---

[106] Cf. Aischylos: Agamemnon, wo Kassandra auf einem Wagen vor den Palast der Atriden zieht und von dort her spricht.

sie. So durchstößt die Rückschau die bisherige Schablone 'Kassandra', indem sie den Blick öffnet für das *Unbekannte im bekannten Überlieferten*[107]

Streift Kassandra auch mit ihren Worten unmittelbar die Gegenwart des jeweiligen Lesenden, so bildet innerhalb der Erzählung ihr Erinnern ein distanzierendes Moment. Denn wenn Kassandra, sich ihrem *Angst- [..., ihrem] Gefühls-Gedächtnis* (K 309; 120) überlassend, die Geschichte ihres Lebens als Geschichte der Freisetzung ihrer Angst (K 235; 41) ein zweites Mal durchläuft, zwingt sie doch gerade dieses Erinnern aus ihrer bedrohlichen Gegenwart hinaus. In jenen Momenten, da sie in diese emportaucht, gelingt ihr denn auch die Haltung einer gewissen Geschehensferne gegenüber der sie umgebenden Unmittelbarkeit zu wahren: Sie registriert und ist ihre eigene Vermittlerin. Immer wieder reichen ihr Details, wie zum Beispiel das Weidengeflecht, auf dem sie zu verharren genötigt ist, Losungsworte, so daß die vergangenen Gesichter und ihre Reden sich ihr wieder zu wenden.[108] In dem Moment, da die Zukunft für Kassandra sich in dem einzigen Satz erschöpft, daß sie heute noch sterben wird – *Die Zukunftssprache hat für mich nur diesen einen Satz: Ich werde heute noch erschlagen werden.* (K 213; 17) –, und das Sammeln von Erinnerungen, die Benennung des Geschehenen als letzter Raum ihres Ich verbleibt, bricht die Linearität der eigenen Zeit zusammen. Die Folge krümmt sich, schrumpft ineinander, so daß jeder Augenblick alle anderen eingefaltet in sich wahrt. Die Erzählzeit eines einzigen Nachmittages gibt Rhythmus und Tempo vor. Die Selbstanrufung Kassandras – *Was muß ich noch wissen.* (K 300; 111) –, die Beobachtung von Licht- und Stimmungsänderungen – *So beginnt der Abend. Die Zeit wird knapp* (ebd.) – sowie die nur kurzen Einsprengsel von Unmittelbarkeit halten die Bedingungen ihres Erinnerns in ihrer Dringlichkeit beständig präsent.
Die Angst, welche schon in Kassandras Gedächtnis immer anwesend ist, stimmt Erinnern und Erinnertes, (Erzähl-)Gegenwart und Vergangenheit von ihr als bindendes Glied aufeinander ein.
In ihr gründet das Bemühen, *Zeugin [zu] bleiben* (K 222; 27), welches auch Kassandra selbst problematisiert, insofern es sie nicht allein den anderen troianischen Frauen, sondern vor allem sich selber zu entrücken droht: *Doch ist er [der Vorsatz] nicht ein*

---
[107] Growe 142.
[108] Cf. K 204; 8: *Sie lacht, hör ich die Weiber sagen [...]. Myrine, die mich lächeln sah [...]. 230; 35: Was sagen die Mykenerinnen, die sich um mich drängen? Sie lächelt. [...] Das letzte Mal hab ich gelächelt, als Aineias [...].* & 279; 89: *Das Weidengeflecht [...], auf dem ich sitze. [...] Zweimal noch, fällt mir ein, hatte ich es mit der Weide zu tun: [...].*

Hilfsmittel von der Art, die Übleres bewirkt als das Übel, gegen das man sie verwenden will? (ebd.) Hieraus wird ersichtlich, daß das Wiederauflebenlassen der *Geschichte [...der] Entzügelung, [...der] Befreiung* ihrer Angst (K 235; 41) Kassandra von ihrer unmittelbar sie bedrängenden Angst fernhält, indem Kassandra sie der anderen, mit ihren Problemen nicht mehr aktuellen Hälfte ihrer selbst überläßt, so daß sie sich *selber zu[zu]seh[n]* (K 222; 27) vermag. Diese Selbstspaltung um der Vermeidung der einen, die Gegenwart immer noch durchdringenden Angst willen realisiert sich in der erinnerten Befreiung jener anderen Angst, wie sie die Loslösung von *all dessen, was [sie] "Vater" nannte* (K 334; 146) implizierte. Sie läßt den Lesenden aufmerksam werden für das vorsichtige Tasten Kassandras nach den möglichen Gründen: *Wär auch das vorgegeben. Liefe auch das an Schnüren, die nicht in meinen Händen liegen [...]* (K 222; 28). Ein Wieder-Abgleiten in das Gewesene folgt an dieser Stelle, ohne daß der in der Frage aufklingenden Richtung für die Gegenwart nachgegangen wird. Die Selbst-Infragestellung weitet sich nicht auf das unmittelbare Sein Kassandras aus und ihr Verständnis vom Lebendigsein als Änderung des eigenen Selbst-Bildes – *Was ich lebendig nenne? [...] Das Schwierigste nicht scheuen, das Bild von sich selbst ändern.* (K 220; 25) – stößt hier an ihre Grenze, von der her sie vielleicht auch allein möglich ist: Schon gelebte Bilder werden in ihren Verwerfungen nachvollzogen und somit entsprechend einer Änderung des Blickes umgeformt. Dies ermöglicht auch die Wandlung ihres bisherigen Bildes für die Nachwelten. Allerdings bleiben die Bilder bei einer derartigen Formung der Formungen. Ein geltender Bildersturz ergibt sich erst aus einem Vergleich, wie er allein Außenstehenden, d.h. den Lesenden, für Kassandra möglich ist.

Die Erzählung im Sinne einer selbstgewählten Zeuginnenschaft bestimmen noch weitere Begrenzungen: Zum einen ist Kassandra auf die ihr von ihren Mördern noch zugestandene Lebenszeit angewiesen, zum anderen ist sie selber ihre einzige 'Zuhörerin'. Nichts von ihrer Geschichte dringt nach außen. Keiner ist da, der ihre *Sprache spricht [...und] nicht mit [ihr] stirbt* (K 204; 8). Dennoch erfüllt sich für uns ihre Zeuginnenschaft durch die Vermittlung einer Anderen.

Im Gespräch mit dem Wagenlenker richtet dieser eine Frage an Kassandra, in welcher sie *[d]ie Frage aller Fragen* erkennt: *So ist, wenn Sieg auf Sieg am Ende Untergang bedeutet,* **der Untergang in unsere Natur gelegt?** (K 320; 132; Herv.v.m.) In Kassandras

Antwort spricht sich eine Hoffnung aus: *So mag es, in der Zukunft, Menschen geben, die ihren Sieg in Leben umzuwandeln wissen.* (ebd.)
Der Lesende fühlt sich hier in der *Zukunft* direkt angesprochen: Die Bedrohung lauert weniger um den Menschen herum als in ihm. Schon bei Kassandra begegnen wir einer Verschiebung der Akzente vom Außen- und Götterhorizont in den Binnenhorizont menschlichen Miteinanders, welcher dem mythologischen Rahmen, wie er sich bekannterweise um die Kassandra-Figur und den troianischen Krieg spannt, eine neue Färbung verleiht.

Indem Christa Wolf jedoch **im Mythos** selbst diese Säkularisierung der Geschehnisse aufleben läßt und gleichzeitig auch das Bedürfnis der Menschen nach Bildern und Göttern, welche als Vor-Bilder der Ideologien gedeutet werden können, thematisiert,[109] sprengt sie die Zeit im Sinne einer linearen Abfolge auch für die Lesenden auf. Nicht Resignation und Entzug erwachsen aus dem hierdurch problematisierten Erleben von Geschichte als *Wiederholung des Gleichen*[110], sondern ein *Ursprung des Erzählens*[111] tritt hier für Christa Wolf hervor: *Was überwunden werden muß, soll erzählt werden.* (DA 307) Die Weise des zwischen Gesang und Sprechen schwebenden, aber innerhalb der (Erzähl-)Situation Kassandras im Lautlosen verharrenden Erzählens, die Atemlosigkeit, wie sie dem assoziativen Wechsel von Menschen und Szenen, einst Geglaubtem und nun Gewußtem innewohnt, bringt die Lesenden in unmittelbare Nähe nicht nur zu Kassandra, sondern auch zu Christa Wolf. Ihr Anspruch auf *Authentizität* bricht hier auf, da zunächst sie als Schreibende und Vermittlerin Kassandras *gezwungen [war], das strenge Nacheinander von Leben, "Überwinden" und Schreiben aufzugeben* (DA 778). Insofern Gegenwart und Vergangenheit schon in der Autorin Auffassung vom Erzählen als *Sinngeben* (VeE 48; 37) und *wahrheitsgetreu[es E]rfinden auf Grund eigener Erfahrung* (DA 481 (LuS)) einander wechselseitig vermitteln, wirkt dies auch innerhalb der Erzählung konstitutiv.

Das jeweils erlebte Mittendrin und Betroffensein der Autorin spiegelt sich daher in der jeweiligen Sichtbarmachung derselben für Kassandra und später für Medea und die anderen. Alle sind sie um eine Aufarbeitung von unmittelbar Erfahrenem bemüht.

---

[109] Cf. K 328; 140f.: das Gespräch von Kassandras und Arisbe: *Wofür stehn die Bilder?*
[110] Cf. Nietzsche: *Also sprach...*, 3. Teil, *Vom Gesicht und Räthsel* & Blumenberg, 660 unter Bezugn. auf Nietzsche: *Was wirklich war, ist wieder möglich.[...] Die Bürgschaft für das noch oder wieder Mögliche ist selbst mythisch, gegen einen linearen Geschichtsbegriff der Sequenz von Singularitäten [...]*
[111] Cf. DA, Titel des Gespräches mit J. Grenz, 912 ff.: *Ursprünge des Erzählens*.

Indem nun die Lesenden durch die Vermittlung der Schrift die Worte Kassandras wahrzunehmen vermögen und hineingenommen werden in ihre vom Tod umstellte Situation, leben auch sie die oben schon erwähnte Nähe zum Beschriebenen, zu dem, was noch nicht überwunden, was sich seine Dringlichkeit über die Jahrhunderte bewahrt hat, um gerade in diesem vorletzten Jahrzehnt des 20. Jahrhunderts ins Wort zu drängen. Das Vermögen des im mythischen Rahmen gesetzten Wortes, erleichternde Distanz zu schaffen,[112] ist durch diese Erzählung für die Lesenden aufgehoben.

Der Mythos geriert sich in *Kassandra* als Umschlagstelle von *weit, ur-weit zurückliegende[r] Vergangenheit* (VeE 94; 72) zur Zukunft, als Möglichkeit, die der Historiographie als Fundament dienende Entfernung des Geschehens vom Einzelnen, um großer Zusammenhänge willen, zu hintergehen. Somit vermag sich auch in der Belebung des Mythos als Erzählform,[113] d.h. in seiner Rückführung ins Mythische, das singuläre Wort, im Sinne der von Christa Wolf schon früh in ihrem Essay *Lesen und Schreiben* skizzierten *"subjektive[n] Authentizität"* (DA 781), zu verwirklichen.

Kassandra – Voraussetzungen einer Begegnung

Sappho, die einzige der griechischen Dichterinnen, deren klingenden Spuren wir heute noch zu folgen sowie zu sammeln vermögen, säumt mit ihren Versen den Beginn der Erzählung: *Schon wieder schüttelt mich der gliederlösende Eros/ bittersüß, unbezähmbar, ein dunkles Tier.* (K 201; 5)
Dieses Motto tastet den Lesenden gleichsam voraus, wobei die Stammwurzelnähe des griechischen ερωταω – *fragen* – zu εραω – *lieben*[114] – in besonderer Weise den Horizont zu eröffnen scheint für das Kommende.

Bereits der erste Satz der Erzählung kündigt ein Ereignis an, dem etwas Ungewöhnliches, Bedeutungshaltiges anhaftet: *Hier war es.* (K 201; 5) Abrupt befinden wir uns inmitten der Szenerie einer durch die vorangehenden Vorlesungen schon lokalisierten und mit ihren Eigenarten beschriebenen Landschaft. Die ersten stakkatohaft anmutenden Sätze reißen den Lesenden in die Erinnerung an *es*, schließlich an *sie*, die an der selben Stelle wie die Erzählerin *jetzt* gestanden haben muß als die *steinernen Löwen* noch sehen konnten. Die

---

[112] Cf. Blumenberg, insbes. 40ff.: *Geschichten werden erzählt, um etwas zu vertreiben* ...
[113] Cf. Risse 108ff., wo auch sie Mündlichkeit des Mythos und die Ansprüche Christa Wolfs an ein Schreiben im Sinne *subjektiver Authentizität* einander korrespondieren läßt.
[114] Cf. Pape, W.: Griech.-Deutsches Handwb. ..., Bd.1 (A-K), (s. Lit.verz.).

lange Zeit, welche seitdem vergangen, bündelt sich im Bild der nun kopflosen Löwen sowie der Trümmer, die von der *einst uneinnehmbar[en]* Festung (ebd.) geblieben sind. Neben der zeitschrumpfenden Wirkung der Erzählung für die Lesenden sowie der Raffung ihrer Linie innerhalb der sich erzählenden Kassandra bildet der Zeitenschwund nun auch die Voraussetzung für die Begegnung mit ihr. Denn zunächst steht da jemand, wo *sie* gestanden, um die, welche der Erzählung folgen mögen, in die Spuren von ihr zu setzen. Der baldige, durch einen Bruch in der Erzählperspektive provozierte Übergang zu Kassandra jedoch geschieht schließlich so überraschend nicht. Die ersten Risse in der Erzählperspektive treten schon im Benennen dessen, was sich **nicht** geändert hat und somit eine Brücke über die Zeiten bildet, hervor. Unverändert sind der Himmel in seiner weiten Ferne sowie die Mauern in ihrer wegbestimmenden und -bedrängenden Nähe, unverändert scheint auch die Weise, dies alles wahrzunehmen: Die Beklemmung holt die Lesenden mit jenen Schreckenswörtern *Blut, Finstere, Schlachthaus* (ebd.) ein, bevor noch jener entscheidende Satz das Vergangene in die Gegenwart reißt: *Mit der Erzählung geh ich in den Tod.* (ebd.)

Es ist gelungen. Der Ort hat seine Geschichte bewahrt. Er ermöglicht, daß ein Mensch, welchen allein sein Sterben mit dieser Festung verbindet, noch einmal wahrnehmbar wird. Mit Kassandras ersten Worten tut sich die Zeit auf, nimmt die Lesenden zurück dorthin, wo sie war – und zugleich noch ist.

Die schon in den ersten Worten Kassandras mitschwingende Todesgewißheit nimmt der wieder eingeholten Erinnerung gleichsam programmatisch jedwede Neigung zur Selbsttäuschung. Des Lesenden Aufmerksamkeit wird parallel zur das Schreiben von Christa Wolf selbst begleitenden Intention sogleich auf das Woher dieser Todesdrohung fokussiert.[115]

Sie formt für Kassandra das Gebot zur Schonungslosigkeit: Ihr Ich *kurz vor [sich] selbst* (K 202; 6) darf sich dieser letzten Anstrengung, sich selbst zu (er)fassen mit allem in ihm Zusammengeströmten und -strömenden, nicht entziehen. Um so erstaunlicher wirkt aus einer rückwärtigen Perspektive jedoch der in ihren ersten Sätzen anklingende Fatalismus: *[N]ichts, nichts, was ich hätte tun oder lassen, wollen oder denken können, hätte mich an ein andres Ziel geführt.* (K 201; 5)

---

[115] Cf. DA 756 C.W. im Gespräch: *Ich weiß die ganze Zeit und versuche auch nicht, es dem Leser zu verheimlichen, wie der "Held" endet. Das interessiert mich nicht so sehr. Mich interessiert, wie er zu dem Punkt gelangt, den ich von Anfang an kenne.*

In dieser Ergebenheit in das eigene Geschick an des Weges Ende sowie in dem Vorwurf der Gleichgültigkeit der Außerirdischen gegenüber den Irdischen scheint ein antikes "Lebensgefühl", wie wir es uns in unserer Gegenwart unter Beeinflußung von den in antiken Quellen tradierten Göttergeschichten und Riten denken, aufzublitzen, welches doch im Verlaufe der folgenden Erzählung für das Selbstverständnis Kassandras widerlegt wird. Werden nicht ihre späteren Schilderungen die Lesenden dieses Vor-Urteiles, dieses Vor-Wissens entkleiden, indem sie hinsichtlich des aus ihnen hervortretenden Lebensentwurfes dieser Frau mit seinem Bedürfnis nach Eigenständigkeit bei gleichzeitiger Geborgenheit die Lesenden an sich selbst erinnern? Wird schließlich nicht die Verstrickung des Menschen in Menschengewirktes sowie als seine größte Gefährdung die Gleichgültigkeit der Irdischen unter- und füreinander aufgedeckt werden?

Andererseits vermag diese Äußerung jedoch auch als Einbekenntnis eines ihre Lebensspielräume absteckenden Verstricktseins in Mechanismen, welche die Möglichkeit eigener Souveränität vorspiegelnd, diese ungemerkt besetzt halten und dirigieren, gelesen werden.

Ein Ziel der folgenden Ausführungen zum Sehen in *Kassandra* ist es denn auch, die Bewegungen nachzuzeichnen, mittels deren hier eine *Komplicen[schaft]* mit menschlicher *Selbstzerstörung* (VeE 139; 109) aufgedeckt und der dieser zugrunde liegende *abendländische Wissensdiskurs* als der einer *Herrschaft*[116] entschleiert wird. Inwiefern der Mythos in diesem Zusammenhang einen geeigneten Zugang zu dieser Geschichte einer allmählichen Durchdringung und Verschiebung von Vorstellungen und den in ihnen motivierten Lebensweisen eröffnet, wurde im ersten Kapitel bereits angedeutet und soll an dieser Stelle noch einmal vertieft werden.

Rekurs: Mythos und der andere Begriff Wirklichkeit in Kassandra *und* Medea. Stimmen

Im Mythos manifestiert sich zum ersten Mal ein Sprechen, welches zugleich verschweigt und mit seinen Akzentuierungen modellhaft für Historiographie und Großteile der abendländischen Literatur stehen kann. Er stellt ein Zeugnis für die eine Zeitenschwelle bildende Verwerfung von Denkweisen und Praktiken dar, daher auch jene von Christa Wolf angestrebte *Rückführung aus dem Mythos in seine (gedachten) historischen und sozialen Koordinaten* (VeE 142; 111) im Sinne einer Rückführung des Mythos selbst in

---

[116] Cf. Roebling i. Mauser, 219 u. Anm. 5.

jene Koordinaten gelesen werden kann. Mögliche Herkunft und Langlebigkeit der auch in der Gegenwart noch lebendigen Ambivalenz jedes Einzelnen zwischen ungewolltgewolltem Mittun in *Abtötungstechniken* (VeE 114; 89) und Selbstzerstörung einerseits und Widerstandsregungen andererseits scheinen in diesem fiktionalen, d.h. seine Anbindung an eine 'historische Wahrheit' verloren habenden Versuch einer Geschichtsfindung auf.

In diesem Sinne nutzt sie die von Walter Benjamin aufgespürte *Zweidimensionalität* des Mythos.[117] Dieser erkennt im Mythos Strukturen, welche *übermächtig und unerkennbar die Wirklichkeit durchwalten und somit auch noch die jeweiligen Gegenwarten durchherrsch[en]*.[118] Können auf diese Weise mittels des Mythos auch die *Strukturprinzipien moderner Gesellschaften*[119] offengelegt werden, so tut dies Christa Wolf auf dem Wege einer Historisierung des Mythos von innen her: Ihre Auseinandersetzung mit der während ihrer Griechenland-Reise aufgebrochenen Matriarchat-Patriarchat-Thematik löst Kassandra aus ihrem bloßen Figuren-Sein, läßt sie *historisch* werden und somit den Menschen der Gegenwart näherrücken, da schon sie selber von *Ritual, Kult, Glauben und Mythos* bestimmt wurde, *während für uns heute das gesamte Material mythisch ist* (VeE 152; 119). Hinter dieser Anspielung aber auf den **Mythos im Mythos** verbirgt sich in einer Spielart der Aktualisierung eine höchst wirksame Infragestellung unseres Realitätsverständnisses. Diese wird Christa Wolf wiederum zur entscheidenden Grundlage, um mittels des Mythos die Wirklichkeit aufzublättern und ihr immanente Wirkungsmöglichkeiten sowie Umgangsarten mit denselben gleichsam zu erproben. Geschichte resp. das von ihr entworfene 'tatsächliche' Bild vergangener Zeit sowie die aus diesem heraus sich konstituierende 'tatsächliche' Gegenwart werden also gleichursprünglich befragt. In *Medea. Stimmen* wird Christa Wolf dieses auch in der Form realisieren, da die dort lebendige Vielstimmigkeit den Lesenden direkt hineinreißt in das Entstehen einer Geschichte ohne sicheren Grund. Dabei wird gezeigt, daß und wie *'Wahrheit' und 'Tatsachen' [sich ...] erst im Lauf der Geschichte*[120] abzeichnen, daher eine im voraus erfolgte Setzung dieser beiden sowie der Anspruch, über sie zu verfügen, im Zusammenklang der *Stimmen* entwurzelt werden. Im Unterschied zu *Kassandra* entbehrt der Lesende von *Medea. Stimmen* jenes von der Erzählung mit ihrem *Ja. So war*

---
[117] Cf. Gutjahr i. Mauser, 71ff..
[118] Ebd., 76/77.
[119] Ebd., 76.
[120] Roser 107.

es. (K 342; 155) vermittelten Empfindens einer Tatsächlichkeit des Geschilderten. Auch wenn Christa Wolf ihren Anspruch zu erkunden, wie *es wirklich gewesen sein* könnte (DA 903), welcher schon ihre Aufmerksamkeit für Kassandra prägte, für Medea nicht aufgab und also selber eine eindeutige Wirklichkeit im Sinne von Tatsächlichkeit des Geschehens voraussetzt, verdeutlicht die in Medea zu Wort gekommene Pluridentität zugleich das Wissen der Autorin, daß Verzerrungen und Perspektiven-Brüche nicht erst in der Überlieferung beginnen. Ist die Begegnung von Kassandra ganz von dem Eindruck des *Schock[s ...], daß Frauen seit dreitausend Jahren in unserer Kultur keine Stimme haben*, geprägt, so daß Christa Wolf dieser nun von ihr freigelegten Stimme eine höhere Wirklichkeitsgeltung denn der *männlichen Überlieferung* (DA 903) zuweist, so wird in *Medea. Stimmen* das Geschehene selbst entsprechend den unterschiedlichen Versionen und Anschauungen Medeas sowie der Vorgänge in Korinth vielfach gebrochen. Der Begriff der *Authentizität* wird in seiner jeweils ausschließlich subjektiven, interessenbestimmten Bedeutung einsichtig und die der instrumentalisierenden, einengenden Überlieferung noch vorausliegende Vielfältigkeit der Wirklichkeitsblicke, d.h. aber auch der Wirklichkeiten, wird illustriert. Die noch in *Kassandra* lebendige geschlechterspezifische Polarisierung von Wirklichkeitserleben und -darstellung wird somit in *Medea. Stimmen* weiter aufgefächert.

Was wird gesehen beim Sehen oder: **Wieviele Wirklichkeiten gab es denn [...]?**[121]

In *Kassandra* kristallisiert sich die Problematik dessen, was für wirklich gehalten wird und somit die Handlungen sowie Ausrichtungen der Einzelnen bestimmt, innerhalb der Thematik des Sehens aus. Das menschliche Aufeinanderverwiesensein in des Wortes Doppelsinn als Abhängigkeit und Anspielung wird sich mit fortschreitender Annäherung Kassandras an sich selbst auch hier als die eigentliche Konstituente von Wirklichkeit und vor allem von Bezügen zu ihr herausschälen. Anders als bei der in *Medea. Stimmen* angelegten gegenseitigen Relativierung der Erzählenden untereinander wird der Lesende hier ganz in die Perspektive Kassandras hineingenommen. Er ist gezwungen, sich auf sie einzulassen und am *Prozeß [ihr]es Sehendwerdens zu partizipieren [,da] allein ihr [sc. Kassandras] Erkennen [...] die Zusammenhänge der Wirklichkeit* knüpft.[122] Hierbei gilt es, wie im *Vorspann* schon erwähnt wurde, zu klären, inwiefern das *Sehendwerden* Kassandras infolge ihrer Emanzipation von ihren Bindungen als Seherin und Priamos-

---
[121] Cf. K 219; 24.
[122] Risse 112.

Tochter nicht auch gleichzeitig im Verhältnis der Erzählung zu ihren *Voraussetzungen* eine Umkehrung impliziert, wie sie Sigrid Weigel in ihrer Kritik der Darstellungsweise in *Kassandra* notiert: *Vom* **Sehen** *zur* **Seherin**, *von einer Wahrnehmungs- und Darstellungsweise zur Gestaltung eines Subjektes, das sehen kann und den Gegensatz zum Tatsachen-Realismus* **repräsentiert** *[...,] ist der Widerspruch zwischen Vorlesungen und Erzählung zu greifen.*[123]

Mit einer rückblickenden Wendung zur Überfahrt als Gefangene auf dem Schiff Agamemnons, während der Kassandra ihre Dienerin Marpessa hinderte, die Kinder Kassandras sowie sich selbst ins Meer zu stürzen, klafft in der stummen Erzählerin die Frage nach dem Stoff, der uns am Leben hält, auf. Kassandra gibt auch Antwort – für sich allein: *[I]ch zog Lust aus allem, was ich sah – Lust; Hoffnung nicht! – und lebte weiter, um zu sehn.* (K 202; 6)

Diese Sehlust läßt sich auch vom nahen Tod nicht einfrieren, sondern mündet in den Vorsatz, Zeugin zu bleiben, auch *wenn es keinen einzigen Menschen mehr geben wird, der mir mein Zeugnis abverlangt.* (K 222; 27)

Das hier aufklingende Trotzdem scheint dem Bedürfnis entwachsen, sich mit dem eigenen Leben nicht der Sinnlosigkeit eines Sterbens, welches um seine Herkunft, seine aus dem Gelebten gefilterte Bedeutung nicht weiß, überlassen zu wollen. Zeugin, das heißt unter den gegenwärtigen Bedingungen Kassandras vor allem Zeugin dessen, was unmittelbar sie betrifft.

Das Paradox der Zeugin ohne Zeuginnenschaft schließlich bildet die letzte Konsequenz eines mit dem Sehen verflochtenen Lebens. Es ist die Lust zu sehen, in welcher sich das Leben der Seherin Kassandra bündelt, und die nun nach dem Grund befragt zu werden verlangt, aus dem heraus sie das 'Bedingungsgefüge' Kassandra von Erleben, Sehen und Wegsehen, Handeln und Unterlassen prägte.

Daher genügt der nun folgenden, leitmotivisch immer wiederkehrenden Frage Kassandras *Warum wollte ich die Sehergabe unbedingt?* (K 202; 6) auch keine bündig-kurze Antwort. Sie wirkt vielmehr gleich einem Fanal, von dem her sich das bislang um die Erfüllung dieses Wunsches Erlebte in seinen Versäumnissen aufrollen läßt.

Im Zentralmotiv des Sehens klingen dabei unterschiedliche Weisen desselben auf. Indem sich die Erzählung Kassandras, in welcher sich Erinnerung und Erzählgegenwart zu einem

---

[123] Weigel 86; Herv.i.O..

intensiven Lebensmuster der Erzählenden verweben, um die Schwierigkeit rankt, das Sichtbare zu sehen im Sinne von wahr-nehmen, wird auch das Sichtbare selbst in seiner Abhängigkeit vom Sehen offengelegt. Vor dem Hintergrund troianischen Zusammenlebens wird eben nicht gesehen, was einfach da ist, sondern Kassandra sieht letztlich nur, was schon durch eine Schneise in ihr Denken eingedrungen und beharrlich genug ist, ihr Realitätsbild aus den bisherigen wunschgeformten Schablonen zu lösen. Die in Amt und Tochter 'institutionalisierte' Kassandra sieht *nichts* (K 227; 33) und hat allein im Wahnsinn, da sie ihre empfundene, kaum stichhaltig artikulierbare Angst der *Stimme* überläßt, ein Residuum für ihr seismographisch hervorbrechendes Unbehagen. Denn *[d]ie Sehergabe, nach der Kassandra verlangt, geht mit dem Willen zur Wahrheit einher; dieser Wille [aber], der auf die Erkenntnis **einer** Wahrheit und **einer** Wirklichkeit zielt, setzt, worauf er sich richtet, voraus und bedingt die Verdrängung alles Widerstehenden.*[124]

Nur allmählich vermag Kassandra aus ihrem bipolaren Wirklichkeitsdenken, welches bloß eine einzige Wirklichkeit, eine einzige Wahrheit leben läßt, vor allem durch Arisbe herausgeführt zu werden. Dies gestaltet sich insbesondere durch eine Auflösung des Gegensatzes Sein und Nichts, da ersteres als öffentlich festgesetztes, ausschließendes, 'Tatsachen' formendes mit dem Beginn des troianischen Krieges und dessen weiterem Verlauf für Kassandra deutlicher wird.

Doch zunächst begegnet uns in Kassandra eine Seherin, welche sich ihren in Momenten eines eigentümlichen Betroffenseins hervordrängenden 'Offenbarungen' nicht anvertraut, eine Unglücksseherin, welche gleich den Anderen, die sie nicht hören wollen, sich auf ihre Weise dem Unheil zu verweigern strebt, indem sie dem von ihr Erahnten nicht in ihren Worten Wirk-lichkeit (Wirk-samkeit) einräumt, sondern es sich rauben läßt von der *Stimme*. Das Wiedereinholen dieser *Stimme*, um mit ihr zu *sprechen: das Äußerste* (K 202; 6) –, gestaltet sich vor dem ins Wanken geratenen Horizont dessen, was ist. Vor allem das Auftauchen des *verlorenen ungekannten* Bruders Paris (K 245; 52) und das Erleben des um einen Vorwand geführten Krieges versetzen der bislang sicher und fest geglaubten Realität die entscheidenden Stöße. *Kassandra* vermag daher auch als ein Antwortversuch gelesen zu werden auf die Frage, wie, das heißt woher sich die für Herrschaft konstitutive Trennung zwischen Sichtbarem und Unsichtbarem, Wahrem und Unwahrem entwickelt.

---

[124] Risse 59.

Denn Kassandra konfrontiert uns mit ihrer Schwierigkeit anzuerkennen, daß ihr Sehnen nach dem Unveränderlich-Sicheren, Gewißen, wie es sich für sie vor allem in ihrer Beziehung zum Vater und dem in dieser modellierten Selbstbild als begabte Lieblingstochter desselben manifestiert, nicht erfüllt wird. Es gilt für sie einen Umgang mit dem Zwiespalt zwischen eigenem, subjektivem Welterleben und einer Repräsentation des Geschehens durch die Anderen im Palast zu finden.

Der *Schmerz der Subjektwerdung* (VeE 115; 89) entsteigt hier der notwendigen Akzeptanz von Diskrepanz zwischen sich und der von ihr anfangs favorisierten Menschen-Umwelt im Palast, welche, insofern öffentlich bestimmend und interessengeleitet, ihr im Fortgang der Ereignisse vor und während des Krieges immer problematischer wird. Glaubte Kassandra an das Sein ihrer Familie, obgleich sich diese und auch sie selbst verändern, so muß sie erst lernen, diese Bewegungen des Werdens, das Ineinandergreifen von Sein und Nicht-Sein für sich anzunehmen und sich somit immer wieder von Neuem der Herausforderung des Sehens zu stellen. Das von Sigrid Weigel kritisierte Konzept eines autonomen Subjekts[125] kann vor diesem Hintergrund auch weniger negativ als Voraussetzung gedeutet werden, eine eigene, gegen Instrumentalisierungen weitgehend immune Lebensmöglichkeit zu entwerfen. Hier, weniger im Leben der Frauen am Skamandros während der jahrezehrenden Belagerung Troias, ist eine Utopie zu orten, denn selbst die Entscheidung Kassandras gegen ihre Flucht mit Aineias fällt nicht bindungslos ohne Fremdeinflüsse, formt sie sich doch aus der Furcht, daß *[a]llen, die überlebten, [...] die neuen Herren ihr Gesetz diktieren [würden]* (K 342; 156). Kassandra gesteht hier selbst die Illusion einer möglichen Selbstbestimmung ein, in deren Abhängigkeit sie den Tod wählt. Die *falsche[n] Alternativen* (VeE 156; 121) haben sie somit durchaus nicht entlassen.

Um die Problematik des Sehens in Kassandra kristallisiert sich der Prozeß einer Sensibilisierung aus, in dessen Fortschreiten die 'Fragen' Kassandras – *Was ging vor. Wo lebte ich denn. Wie viele Wirklichkeiten gab es in Troia noch außer der meinen, die ich doch für die einzige gehalten hatte. Wer setzte die Grenze fest zwischen Sichtbarem und Unsichtbarem.* (K 219; 24) – den Dringlichkeitshorizont vorgeben, welcher Schreib- und Lese-Gegenwart sowie die in Kassandra sprechende Vergangenheit miteinander verbindet.

---

[125] Cf. Weigel 78, wo sie in Kassandras Selbstsicherheit, ganz zu sich gekommen zu sein (Cf. K 211; 15) sowie in ihrer Erzählhaltung, *das alte Bild durch ein neues ersetzt [sieht]: das reife, überlegene, autonome weibliche Subjekt.*

In der immer noch seltenen Fähigkeit zu *sehen, was nicht ist* (K 228; 34), in welcher Intensivierung von Teilhabe an der Welt sowie die Offenheit gegenüber dem Anderen, hier im Nicht-Sichtbaren Benannten, gründen, situiert Christa Wolf die Besonderheit Kassandras in ihrer letzten Lebenszeit, wobei sie kaum von dem herkömmlichen Mythos der Seherin abzuweichen scheint.

Dieser nun wird von Kassandra selbst benannt als Meere und Zeiten überwindendes *Gerücht* (K 209; 14), dessen Gründe mit der Unfähigkeit der Menschen, ihren eigenen Untergang zu erwägen und ihrer Neigung, eigene Schuld anderen zuzuweisen, benannt werden. Eine Äußerung von Panthoos markiert jedoch die Umakzentuierung des bekannten Kassandra-Mythos bei Christa Wolf: *Du lügst, wenn du uns allen den Untergang prophezeist. Aus unserm Untergang holst du dir, indem du ihn verkündest, deine Dauer.* (K 210; 14) Das eigentliche, Kassandra berührende Problem ist denn auch weniger, ob ihr geglaubt wird oder nicht, sondern *Hatte er auch recht?* (ebd.) sowie die hieraus resultierende, vielleicht weit wichtigere Frage: Warum könnte Panthoos mit seiner Unterstellung von Eigennützigkeit recht haben? Diese Fragen aber weisen schließlich in den Innen-Horizont Kassandras, welcher seine prägnanteste Form in jener Frage nach dem Wunsch nach der Sehergabe findet.

Eine weitere Differenz zum bekannten Kassandra-Mythos ergibt sich aus der unterschiedlichen Bewertung und dem Aufzeigen der 'eigentlichen' Sehergabe als eine Art von Unbefangenheit dem eigenen Wahrnehmen, Ahnen, Spüren gegenüber. Wie sich diese aus der anfänglichen Verstrickung Kassandras in die allgemeine Orientierung an einer Wahrheit und **einer** Wirklichkeit herausformt, wird nun im Einzelnen kurz umrissen werden.

Mit meiner Stimme sprechen: Das Äußerste. Mehr, anderes hab ich nicht gewollt.[126] – *Zur Umwegigkeit eines Vorsatzes*

Das Ringen um die Anerkennung der ihr Leben prägenden Wahl zwischen Priesterinnenamt und königlicher Herkunft bildet die Landschaft, in der Kassandra sich rückblickend erkennt und ortet: *Ich Seherin! Priamostochter! Wie lange blind gegen das Naheliegende: daß ich zu wählen hatte zwischen meiner Herkunft und dem Amt. Wie*

---
[126] K 202; 6.

lange voll Furcht vor dem Schauder, den ich, wenn ich unbedingt war, bei meinen Leuten wachrufen mußte. (K 209; 13)
Die Tragik der Kassandra blitzt zwischen diesen Worten hindurch, denn jener verdrängte und versäumte *Schauder ist [ihr] nun über das Meer vorausgeeilt* (ebd.). Er bildet die sich durch die Zeiten und Orte webende Schleppe des Kassandra-Rufes und der langen Geschichte seiner bislang vergrabenen Freisetzung, die allein Kassandra zu erzählen vermag.

In diesem Sinne erinnert Kassandra ihr Leben als Aufbrechen eines Weltbildes, dessen Konsequenzen jedoch tiefer dringen als die oben von der Seherin genannte Alternative von *Herkunft* und *Amt* suggeriert. Tatsächlich handelt es sich um eine 'Wahl' zwischen Neigung und deren im Seherinnenamt institutionalisierter Instrumentalisierung, um einen allmählich wider sich selbst vollzogenen Ausbruch aus einem Selbstbild, welches unter verinnerlichten Interpretationen von Lebenswelt und Hierarchie im Palast entstanden war.
In Mykenae, welches gleichsam die geographische Entsprechung jenes *äußerste[n] Punkte[es]* (K 252; 60) bildet, in dem Bildersturz und die Entlarvung der eigenen trügerischen Erinnerungen an sich selbst[127] zusammenfließen, bietet sich Kassandra nun als eine letzte Möglichkeit jene, dem eigenen Begehren nach der Sehergabe rückhaltlos nachzufahnden. Im springenden Vor und Zurück der Assoziationen nähert sich denn Kassandra auch dem bislang gemiedenen Horizont, welcher ihr Sehen als Priamostochter und Seherin bis zur Belagerung Troias bestimmte. Macht und Einfluß austrahlen, Vorrechte gegenüber den anderen Familienmitgliedern selbstverständlich nehmen und behaupten, sowie empfindsame Eitelkeit strömen hier, in Kassandras langlebiger Interpretation von Selbstbestimmung, zusammen: *Ich hätte, vor allen anderen, ein Anrecht gehabt zu wissen. Um sie zu strafen, mußte ich in Zukunft mehr wissen als sie. Priesterin werden, um Macht zu gewinnen? Götter, bis an diesen äußersten Punkt habt ihr mich treiben müssen, um diesen schlichten Satz aus mir herauszupressen.* (K 252; 60)
Ihr Versuch, sich auf diese Weise, im Sinne eines Mehrwissens, Zugriff auf die Wirklichkeit auch der anderen zu sichern, ist jedoch von Einbrüchen gezeichnet, welche sich im *nichts* sehen (K 227; 33), im Wahnsinn und der in ihm aufschäumenden *fremden*

---

[127] Cf. K 220; 25f.: *Wenn ich mich heute an dem Faden meines Lebens zurücktaste [...] – dann bleibe ich an dem Wort schon hängen, das Mädchen, und um wieviel mehr noch hänge ich an seiner Gestalt. An dem schönen Bild [...]*

Stimme Kassandras manifestieren und in deren Zusammenspiel eine Praxis der Wirklichkeitsverdrängung aufscheint.

Die ersten Erschütterungen empfängt Kassandras Wirklichkeitsbild durch die Enthüllung des Hintergrundes von jenem Spruch der Amme *Kybele hilf!* (K 218; 23). Die plötzlich einströmende, einer anderen, palastfremden, statt einem Gotte einer Göttin geweihten Wirklichkeit am Ida-Berge läßt zum ersten Mal die Frage nach jenem, der *die Grenze fest[setzt] zwischen Sichtbarem und Unsichtbarem* (K 219; 24), in ihr aufleuchten. Verletzen zunächst das ekstatisch-wilde Tanzen der Frauen, die selbstverständliche Beteiligung der bislang mit Zurückhaltung bekleideten Marpessa Kassandras *Schamgefühl*, so formt sich doch diese Frage mit besonderer Nachhaltigkeit heraus. *Furcht und Schrecken* (ebd.) des plötzlichen Einbruches in eine andere, fremde Welt mit ungekannter Körpersprache, gesteigerter Sinnlichkeit erfahren schließlich eine entscheidende Umakzentuierung mit den *glatten Gesichter[n], am nächsten Morgen, im Palast, wie immer*, die sich im Empfinden des Betrogenwerdens durch jemand anderen manifestiert: *Und wer ließ nun zu, daß der Boden, auf dem ich so sicher gegangen war, erschüttert wurde.* (ebd.) Auch Wut, daß die Wirklichkeit andere Antlitze als die bislang gekannten trägt, klingt hier zum ersten Mal mit. Doch noch ist Kassandra weit von einem Hinterfragen dieser zornigen Enttäuschung entfernt. Auch später, nachdem Arisbe in Folge des zweiten Wahnsinnsanfalls Kassandras diese zum Eingeständnis auch negativer Gefühle nötigt, sind es noch die anderen – *Hekabe. Priamos. Panthoos. So viele Namen für Täuschung. Für Zurücksetzung. Für Verkennung.* (K 264; 72) –, welche sich an ihr, der unschuldig Betrogenen vergehen. Die Wege und Eigenverantwortung weisende Frage von Arisbe –*Wieso hast du sie stark werden lassen.* (ebd.) – wird daher noch im Unverständnis Kassandras verklingen.

Die Verschalung, das Selbstbild als des Königs Lieblingstochter eine *Ausnahme* (K 213; 18) zu bilden, umschließen noch Kassandra. Ihre Weigerung, wie alle zu sein, korrespondiert mit ihrem Bedürfnis nach *Unnahbarkeit* (K 220; 25). Dieser Stolz sowie die ihn begleitende Furcht, in demselben verletzt zu werden, eine Übertragung jenes frühen zweigeteilten Empfindens von *Scham: [der], gewählt zu werden, und [der], sitzenzubleiben*, formen sich schließlich zu dem Wunsch aus, *Priesterin [zu] werden, um jeden Preis* (K 216; 20). Die somit schon an der Wurzel lebendige Widersprüchlichkeit dieses Begehrens, die Unvereinbarkeit von ersehnter Sicherheit und notwendigem Schutz einerseits und der Unbedingtheit in ihrem Wirklichkeitsanspruch andererseits, wird später im Wahnsinn Kassandras aufblühen. In ihm findet die ihrem Leben im Palast geschuldete und dieses gleichzeitig ermöglichende *Teilblindheit* (K 240; 47) der Seherin eine ihr gemäße Ausdrucksform. Wie ihr Vater entsprechend den Worten Arisbes – *Dein Vater, hat sie mir gesagt, will alles. Und alles gleichzeitig. Die Griechen sollen dafür zahlen, daß sie ihre Waren durch unsern Hellespont befördern dürfen: richtig. Sie sollen König Priamos dafür achten: falsch.* (K 241; 48) –, so will auch Kassandra *alles*, d.h. eine ihrem Königstochtersein adäquate Stellung sowohl innerhalb der eigenen Familie als auch in der troianischen Gesellschaft, eine Veränderung der *Welt, wie sie war*, und gleichzeitig ein ihre Priesterinnenpflicht *hingebungsvoll* erfüllendes Dienen jenen Göttern, *die sie beherrschten* (K 240; 47).

Vor einem solchen Hintergrund muß das Eingeständnis der eigenen vagen Position, ihres Verfangenseins in Abhängigkeiten sowie der hieraus resultierenden Unangemessenheit des eigenen Selbstbildes – *aufrecht, stolz und wahrheitsliebend* (K 210; 15) – gefährden. All dies aber schwingt in der Bedeutung des Wortes 'sehen' mit, daher Kassandra sich nun in Mykenae eingesteht: *Auf einmal sehend werden – das hätte mich zerstört.* (K 240; 47)

Jedoch folgen der Entdeckung der Frauen-Gemeinschaft am Ida-Berge weitere 'Schläge' gegen den Wirklichkeitshorizont der kaum geweihten Priesterin, indem die Umstände der Ausfahrt des ZWEITEN SCHIFFES sich ihr allmählich enthüllen. Von Bedeutung ist in diesem Rahmen die rückblickende Einschätzung Kassandras dieser Zeit, da sie sich, begünstigt durch ihre Stellung beim Vater Priamos sowie ihren Traum, in welchem Apollon ihr die Sehergabe läßt, gegen ihre Schwester Polyxena durchgesetzt hat: *Getragen von der Achtung der Troer lebte ich scheinhaft wie nie.* (K 227; 33) Nun, nachdem Kassandra der Erfüllung ihres Wunsches sicher sein kann, bemächtigt sich ihrer eine merkwürdige Erschlaffung.

Eine Art hellhörigen Unbehagens gegenüber ihrem eigenen Sein als Priesterin äußert sich in ihrem seltsam anmutenden Gefühl der Überforderung: *Ich schaff es nicht, dachte ich oft, wenn ich auf der Stadtmauer sitzend blicklos vor mich hinstarrte, aber ich konnte mich nicht fragen, was mein leichtes Dasein derart überanstrengte.* (ebd.)

Innerhalb der Eintönigkeit von Riten und Ereignissen des Palastes verliert sich ihr Sehen: *Ich sah nichts. Mit der Sehergabe überfordert, war ich blind. Sah nur, was da war, so gut wie nichts.* (ebd.) Sehen suggeriert in diesem Kontext die Teilhabe an den Alltagen, am Leben in den Innenhöfen des Palastes, die sich Kassandra, *nachdem [sie] Priesterin war* (K 228; 33), selbst versagte. Die selbstgewählte Absonderung von den anderen spricht sich noch in einer weiteren negativen Konsequenz aus: *Bevorzugt vor ihnen wollte ich sein, doch ihren Neid ertrug ich nicht.* (K 228; 34)

Mit der Ausfahrt des ZWEITEN SCHIFFES aber bricht die Scheinhaftigkeit Kassandras zunächst sich selbst gegenüber in einem Erschrecken auf, von dem sie weiß, daß sie es nicht fühlen sollte: *Ich unterdrückte mein Grauen und zwang mich, Aineias zu bewundern.* (K 236; 43) Obgleich Kassandra die Unbedingtheit des Rufes *Hesione oder den Tod!*, die Unverhältnismäßigkeit der in ihm *im Sinne des Königshauses* ausgesprochenen Alternative spürt, zwingt sie sich zur Bewunderung dieser propagierten Widersinnigkeit: *Damals begannen meine zwiespältigen Gefühle.* (ebd.) Damals auch siegt zum ersten Mal die verinnerlichte Loyalität als Königstochter über Kassandras eigenes, spontanes Empfinden. Um das Verschwinden des Sehers Kalchas aber, welcher das ZWEITE SCHIFF begleitete und mit seinen günstigen Prophezeiungen vorbereitete, tut sich schließlich, nach Kybele, der zweite Abgrund von Verschweigen auf. Die in diesem lauernde Anspannung Kassandras, wie sie ihrem Wissensdrang bei gleichzeitiger Zurückhaltung ihres ahnungsgeformten Wissens entwächst, wird sich denn auch in einem Anfall entladen.

Diesem geht ein Gespräch mit Aineias voraus, in dessen Folge die *fremde Stimme* Kassandras nach außen drängt: *Und ich, hörte ich mich sagen, ich habe es von Anfang an gewußt. Die Stimme, die das sagte, war mir fremd [...]* (K 239; 45).

Das Wiedereinholen dieser *fremden hohen wimmernden Stimme* (ebd.) bildet schließlich die Geschichte des Wahnsinns der Seherin Kassandra, welche begonnen hat als Schmerz um einen unwiederbringlichen Verlust. Denn schon in ihrer wilden Trauer um den Bruder Aisakos manifestierte sich das treibende Moment von Kassandras Wahnsinn: Der nunmehr als beraubt empfundenen Wirklichkeit wird die Anerkennung versagt. Die Verweigerung gegenüber der tröstenden Verlautbarung des Priesters, *Aisakos sei zu einem Tauchvogel* (K 243; 50) verwandelt worden, entspringt weniger einer Wahrheitsliebe als der Unwilligkeit zum Verzicht auf den Bruder *mit Haut und Haar* (K 244; 51). Der Wahnsinn Kassandras bildet somit eine Weise, mit Verlust, Schmerz und Angst

umzugehen, welche entweder als unverhältnismäßig groß, wie im Falle des Aisakos, oder aber im voraus als öffentlich illegitim empfunden werden, da sie der von einer Königstochter und Priesterin erwarteten Staatsräson widersprechen.
In ihren Anfällen lebt Kassandra mittels einer Selbstspaltung diese Empfindungen aus, insofern diese an ihre *fremde Stimme* delegiert werden. *Stimme* und *Wahnsinn* sichern ihr somit ihre *Vorrechte* (K 255; 62). Der Mechanismus dieser Art der Wirklichkeitsverdrängung um der Aufrechterhaltung einer anderen Wirklichkeit willen, welche ihrem *Wunsch, auf Menschen Einfluß auszuüben* (K 226; 31) und nach Selbständigkeit entsprechen soll, tritt im Umkreis des Geschehens um den plötzlich auftauchenden Königssohn Paris deutlicher hervor.

Sie sieht Paris genau an und ahnt die ungeheuerlichen Fäden zwischen ihm und dem Rest der Familie. Unversehens atmet sie auch deren Vielschichtigkeit. Noch aber lebt sie in dem Glauben, daß die Wissenden ihre Einsichten ihr schuldig seien: *Stillschweigend voraussetzend, vor mir, als der Tochter des Königs Priamos, würden alle Türen und alle Münder aufspringen.* (K 247; 54) So treibt sie die *Gier* zu wissen im Palast herum. Doch entgegen dem Selbstempfinden ihrer eigenen Privilegiertheit verliert sie sich in einem Netz des Schweigens, das unter dem wachsamen *Auge des Königs*,[128] Eumelos, gespannt ist und nicht nachgeben will.

Schließlich treibt der in der Frage, warum Paris nicht mit den anderen Königskindern aufgezogen worden war, schwelende Brand Kassandra hinaus aus dem Palast hin zu des Aisakos Mutter Arisbe, denn sein Name war das einzige, welches sich die Dienerinnen im Palast entschlüpfen ließen.

So führt sie ihr Bedürfnis nach einer Lösung des Rätsels vom Wieso und Woher des 'neuen' Bruders freiwillig aus dem Palast heraus in die *Gegenwelt* (K 249; 56) der Berge und Wälder im Umkreis Trojas, deren Achse neben des Aineias Vater Anchises vor allem Arisbe bildet. Die Eröffnungen der alten Mutter von Aisakos – *Unerhörte Nachrichten. Wo lebte ich denn.* (K 250; 57) – verlangen nach einer Verifikation durch den Hauptbetroffenen selbst. Ein weiteres Mal benennt Kassandra im Rückblick auf diese Szene die Motivierung ihres Wunsches, Priesterin zu werden, aus ihrem Empfinden verletzter Eitelkeit heraus. Allein ihr ungeheurer Anspruch, mehr zu wissen, ihr Glaube, *daß die Ereignisse es [ihr] schuldig seien, sich zu offenbaren* (K 247; 54) und daher auch privilegierter zu sein als die Anderen, erfährt in des Priamos' Bestätigung einen Rückstoß, nicht aber die Orientierung an der vom Palast vorgegebenen Wirklichkeit.

Das Wissen der Anderen wird von Kassandra gleichbedeutend mit Macht erfahren, da sie leidet unter dem bloßen Angewiesensein auf Ahnungen, unter ihrer *Gier*, eingeweiht, d.h. aber auch aufgenommen zu sein in den Kreis derer, die sich erhaben fühlen dürfen über die Masse der Dunkelläufer. Wissen wird so vor allem in seiner ausschließenden Wirkung empfunden und gerade als solches in Form des Priesterinnenamtes erstrebt, denn: *Ich hätte, vor allen anderen, ein Anrecht gehabt, zu wissen. Um sie zu strafen, mußte ich in Zukunft mehr wissen als sie.* (K 252; 60)

Entgegen ihrem eigenen Selbstbild – *Umgänglich, bescheiden, anspruchslos sein – das gehörte zu dem Bild, das ich mir von mir selber machte und das sich aus jeder Katastrophe unversehrt erhob. [...] aufrecht, stolz und wahrheitsliebend sein gehörte auch zu diesem Bild von mir [...].* (K 210; 14) – sucht Kassandra für sich nicht das emanzipatorische Potential von Wissen zu verwirklichen, sondern ihr Wille nach Unabhängigkeit ist entsprechend der im Palast gelebten Wirklichkeit ganz auf ein Höhersteigen innerhalb der vorgegebenen Macht-Hierarchie ausgerichtet.

Daher vermag entgegen der eigenen Einschätzung Kassandras Wahnsinn auch nicht als ein *Ende der Verstellungsqual* (K 261; 69) bezeichnet zu werden: Denn auch jener dritte Anfall infolge der Beleidigung des Menelaos sowie der Ausrüstung eines DRITTEN SCHIFFES, welches sich diesmal unter der Führung von Paris um die Erfüllung der Mission des vorhergehenden Schiffes bemühen soll, perpetuiert die Spaltung Kassandras in *Stimme* und Königstochter, welche ihr weiterhin ermöglicht, einander widersprechende Wirklichkeiten zu leben.

Auch nach der Rückkehr des Paris verschließt sich Kassandra *der Einsicht, daß keine schöne Helena in Troia war* (K 269; 77f.). Sie überhört und übersieht die Signale für deren Inexistenz in Troia, und die Entlarvung der offiziellen Version durch Paris persönlich läßt sie ein letztes Mal in den plötzlich aufklaffenden Spalt zwischen zwei Wirklichkeiten sinken. Auch hier funktionieren noch ihre Schutzmechanismen, welche sie in den enggewirkten Banden des Palastes halten: Selbst in ihrer *Stimme* läßt sie nicht die Wahrheit heraus, sondern sie schreit *Wir sind verloren!, [...] nicht: Troer, es gibt keine Helena!* (K 271; 79). Jenes später zugegebene *Gran von Berechnung in [ihrer] Selbstentäußerung* (K 271; 80), welches sie nun in Mykenae ihrer Liebe zum Vater zuweist,

---

[128] Cf. Menge: Griech.-Deutsches WB: griech. Ausdr. für Spitzel, Spione: οφθαλμοι βασιλεως, 'Augen

entlarvt selbst ihren Wahnsinn als Ausflucht und Verleugnung ihres Wissens um die andere Wirklichkeit.

Die Anfälle der Kassandra scheinen somit weder im Licht göttlich beeinflußter Raserei auf noch sind sie als hilfloser Protest zu lesen, sondern sie zeugen vielmehr für eine Dekonstruktion, eine Spaltung und gleichzeitige Flucht vor dieser: *Zwei Gegner auf Leben und Tod hatten sich die erstorbne Landschaft meiner Seele zum Kampfplatz gewählt. Nur der Wahnsinn schützte mich vor dem unerträglichen Schmerz, den die beiden mir sonst zugefügt hätten.* (K 262; 70)

Damals begann, was zur Gewohnheit wurde: Ich stand und sah.[129] *– Woher erwächst ein Nein?*

Die Schwierigkeit, mit der eigenen Stimme zu sprechen, korrespondiert mit der Anstrengung, sich in der Rolle der bevorzugten Königstochter und dem Palast verpflichteten Seherin zu halten. Das Wiedereinholen der Stimme setzt daher eine Loslösung aus der Wirklichkeitshülle des Palastes sowie dem unter deren Einfluß entstandenen Selbstbild voraus.

Diese wird sichtbar in den allmählich sich aus den Worten Kassandras herausbildenden Spuren einer Befremdung gegenüber den *eigenen Leuten*, welche am Ende in eine endgültige Entfremdung von ihnen mündet.

Es sind der Krieg sowie die während diesem immer öfter ge- und besuchte *Gegenwelt* (K 249; 56) zum Palast, die sich um Arisbe und Anchises rankt, welche starke Keile zwischen jene palastintegrierte Kassandra – *Ich, Seherin, gehörte zum Palast.* (K 271; 80) – und eine Kassandra, welche fremden und eigenen Schablonen entwichen ist, treiben.

Unter der Wucht des plötzlich vor den Toren Troias gegenwärtigen Krieges beginnt Kassandra die Dringlichkeit der von Christa Wolf in ihren Vorlesungen formulierten Aufforderung, *auf[zu]hören, die Etiketten ernst zu nehmen, die sie uns anheften* (VeE 173; 136), zu leben. Indem sich Kassandra nun in Mykenae an den hinter der zehnjährigen Dauer vergessen liegenden Beginn des Krieges[130] erinnert, entbirgt sie die erste der drei entscheidenden Verwerfungen mit ihrem Vater.

---

des Königs'.
[129] K 274; 83.
[130] Cf. K 267; 75: *Zehn Jahre Krieg. Sie waren lang genug, die Frage, wie der Krieg entstand, vollkommen zu vergessen.*

Nach der grausamen Ermordung ihres Bruders Troilos durch Achill begehrt sie im Rat die Beendigung des Krieges. *[A]ls Zeugin für den Tod des Troilos* (K 277; 86) sucht sie in die von Beschlüssen umgrenzte Macht-Sphäre des Palastes der erlebten Wirklichkeit eine Schneise zu reden. Hier, im Aussprechen dessen, was sie *sah* (K 274; 83), manifestiert sich das erste Zerbröckeln ihrer Gewohnheit, sich mit ihrem Empfinden zurückzuhalten zugunsten einem Vertrauen in den Vater und in ihre Neigung zu ihm, welche bislang ihre Wirklichkeit und noch ihr Verhalten bei der Ausfahrt des *ZWEITEN SCHIFFES* dominierten.

Denn diese Wirklichkeit gerät zunehmend ins Schwanken, da sich unmerklich, ohne daß dies ausdrücklich aus den Worten Kassandras hervorgehen würde, nicht ihr Empfinden derselben, jedoch ihre Weise, mit ihrem Wahrnehmen von Wirklichkeit umzugehen, ändert. Ihre Zusammenstöße mit dem Vater markieren innerhalb eines so gelebten, allmählichen, gleitenden Ineinanders von Wirklichkeiten – im Palast, vor den Toren Troias, im offiziellen Umgang mit dem Krieg, in des Anchises Hütte, am Skamander – wichtige Etappen, insofern sie das Vater- und Palastbild erschüttern und damit auch das bisherige Bild ihrer eigenen Rolle einer mit *Luxus-Empfindungen* (K 252; 59) begabten Lieblingstochter des Königs bröckeln lassen.

Allerdings eignet ihrem Vaterbilde eine hartnäckige Konsistenz: Obgleich er sich infolge ihrer Forderung nach einer Beendigung des Krieges öffentlich von ihr losgesagt – *Sie ist mein Kind nicht mehr.* (K 278; 87) – und sie wegführen lassen hat, glaubt sie auch noch nach dem zweiten Dissens mit dem Vater, dessen Anlaß dieses Mal der öffentlich-propagandistische Umgang mit *Briseis der Verräterin* bildet, an ein *Mißverständnis* (K 287; 97). Noch hat sie nicht die Bewegung innerhalb der troianischen Machtsphäre erfaßt und glaubt, daß ihr und ihres Vaters Wollen in dieselbe Richtung drängen, obgleich schon in der Unterredung mit dem Vater nach ihrem vierten und letzten 'Wahnsinnsanfall' in der Unbedingtheit der von Priamos ausgesprochenen, fortan gültigen Alternative *Wer jetzt nicht zu uns hält, arbeitet gegen uns.* (K 272; 81) das eindeutige Bekenntnis zu einem Verhalten lag, welches alle von ihm abweichenden Tendenzen und Äußerungen der prinzipiellen Feindseligkeit bezichtigt. Dieses wird sich schließlich in der dritten und endgültigen Aus-einander-setzung zwischen Kassandra und ihrem Vater zu dessen Vorwurf der *Feindbegünstigung* (K 331; 143) gegen seine Tochter sowie der Verfügung ihrer Korbhaft steigern.

Eine Verschiebung der Bedeutungen ging dem voraus, so daß *die Ehre [des] Hauses* (K 272; 81) nunmehr auf Krieg und Sieg angelegt ist und Vorschläge zu einer Dekonfliktualisierung entsprechend dieser Logik zu negieren und zu bestrafen sind.

Doch noch übersieht Kassandra den in dem neuen Königsberater Eumelos gestaltgewordenen Bruch zwischen ihrem und des Vaters Ehr-Verständnis. Auf diese Weise unterliegt auch sie lange dem vom Feindbild ausstrahlenden Zwang zum Zusammenhalt in Troia. Aufgebrochene Gegensätze werden durch die Fokussierung auf den Feind kaschiert, da es *zu schwer [ist], sich selbst zu hassen* (K 273; 81). So kristallisiert sich im Bericht der Kassandra, d.h. vor allem über ihre Gespräche mit Anchises, auch eine Antwort auf die Frage heraus: Wie treibt eine Gesellschaft hin zu dem Punkt, da sie des "Feindes" (regelrecht) bedarf, um weiterhin zu bestehen? Die schleichende Indoktrination einer "feindlichen" Atmosphäre bedient sich zunächst der Sprache entsprechend der von Priamos benannten Maxime: *Was öffentlich geworden ist, ist auch real.* (K 287; 97) So geht der 'Feind' schon in Troia um, *eh noch ein einziger Grieche ein Schiff bestiegen hatte* (K 265; 73). Kassandras Beobachtungen – eines um seiner griechischen Herkunft willen angefeindeten Panthoos, ihres mit seiner Geliebten Briseis um deren zu den Griechen "übergelaufenen" Vaters wegen gefährdeten Bruders, ihres hilflosen Vaters und ihrer heimlich Hilfe anbietenden Mutter – treiben ihr Erleben zu der entscheidenden Frage: *Wir richteten uns nach dem Feind. Wozu brauchten wir den?* (ebd.) Eine bündige, leicht faßbare Antwort bleibt aus. Sie ist vielmehr gegenwärtig in Kassandras eigenem haltsuchenden Verhalten.

Erst das Belagerungs- und Kampfgeschehen sowie das scheinbar unbeteiligte Stehen und Sehen desselben werden Kassandra den Sinn schärfen für die mit jedem Toten weiter aufklaffende Differenz zwischen den Interessenströmungen sowie Prioritätensetzungen des Palastes und ihrem eigenen, dringlichen Leiden an der Kriegspraxis, in welcher Troer und Griechen sich absurderweise vereinen, daher sie *den Schock: Sie sind wie wir! [auch] für [sich] behalten muß [...]* (K 212; 16). Das diesem Riß entwachsende und befreiende, wenn auch ihr endgültig den Vater entreißende *Nein, ich will etwas andres.*(K 272; 81) wird sich in ihr während des Krieges ausformen.

Dies aber geschieht schließlich mit dem Rückhalt in einer neuen, anderen Wirklichkeit, in welcher Liebe und Gehorsam nicht gleichgesetzt werden.

Gegenwelt und Heterotopie

Kassandra hat ihre eigene Art, den Übergang von einem Wirklichkeitskreis in den anderen in einen Wortrahmen zu fassen. Dieser wird geformt vom Wechselspiel zwischen Ver- und Entwirklichung: *Schattenhaft tratet ihr, Marpessa, an den Rand meines Gesichtsfelds. Wurdet zu Schatten. Entwirklicht. Wie auch ich selbst, je mehr ich das,* **was der Palast des Eumelos befahl** *für wirklich nahm.* (K 288; 98; Herv.v.m.) Die markierten Stichworte weisen ex negativo die Richtung vor, in welche sich Kassandras Weg während des Krieges entspinnen wird: Die Menschen der *Gegenwelt* (K 249; 56) werden aus ihren Schatten um so faßbar-drängender heraustreten, als sich Kassandras Empfinden, neben den Vorgängen und Verfügungen des Palastes zu stehen, verfestigt. Fragen, wie jene, ob Überleben um jeden Preis oder Untergehen, und dabei jedoch am eigenen Lebensgrund festhalten, gelten: *War es nicht wichtiger nach unsrer Art, nach unserem Gesetz zu leben, als überhaupt zu leben?* oder *Das Gesicht des Feindes annehmen, aber trotzdem untergehn?* (K 306; 117) Sie zeigen Kassandra nun in genau jener durch Christa Wolf in ihren *Voraussetzungen* abgesteckten Situation, *ohne Alternative zu leben und doch zu leben.*[131] Ihre Hinwendung zu den Frauen am Skamandros wird sich schließlich als eine Möglichkeit, dieses Trotzdem zu leben, gerieren. Der oben zitierten Wendung vom *Palast des Eumelos* muß vor diesem Hintergrund zwiefache Bedeutung zugewiesen werden. Einmal benennt sie explizit den Grund von Kassandras immer stärkeren Herausdriften aus ihren Bindungen, wie es sich in den Verwerfungen mit dem Vater manifestiert. Dieser durchlebt unter dem zunehmenden Einfluß des vom Befehlshaber der Palastwache[132] zum königlichen Befehlsgeber avancierten Eumelos eine Kassandra gegenläufige Bewegung:[133] Er *erblindet, wird blind und taub gemacht* unter den Wort-Schlägen *Wir gewinnen.* (K 272; 81). Und schließlich ist es ebendieser Eumelos, indem er den Ausnahmezustand über die Stadt verfügt, welcher die oben zitierten Fragen Kassandra eingibt: *Er warf sein Sicherheitsnetz, das bisher die Mitglieder des Königshauses und die Beamtenschaft gedrosselt hatte, über ganz Troia, es* **betraf nun jedermann.** (K 305; 116)

Mehr Soldaten und das Zurückdrängen der Frauen aus der Öffentlichkeit von Straßen und Plätzen prägen nunmehr den Alltag neben der Starrheit und Düsterkeit im Palast. So

---

[131] Cf. VeE 137; 107: *Wie soll man Jüngere die Technik lehren, ohne Alternative zu leben und doch zu leben?*
[132] Cf. K 256f.; 64.
[133] Cf. Maisch 78.

zeichnen sich bei einer hinterfragenden Betrachtung des Ausdruckes vom *Palast des Eumelos* die Stufen ab, auf denen Kassandra heraustreten wird aus ihrem Umfangensein durch die Loyalität verwandtschaftlicher und herkömmlicher Bindungen, welche sie lange nicht aus ihrem Glauben, *dasselbe* (ebd.) zu wollen wie die Menschen im Palast, entließen.

Denn Kassandra trennt sich nicht selbst-entschieden von ihrer herkömmlichen Lebenswelt, mögen auch Arisbes Einwürfe ihr eine Ähnlichkeit zwischen Priamos und Eumelos, zwischen Priamos und Agamemnon aufzeigen und mag auch sie selbst sich gegenüber der Einführung von bestimmten Zeremonien, die auf die gestorbenen 'Helden' und den König zentriert sind und in denen das nunmehr bloße Marionettensein ihres Vaters aufscheint, befremden. Sie teilt hingegen ihr Leben, ihre Person und nutzt das Priesterinnenamt, um *dabei zu sein und zugleich nicht betroffen* (K 301; 112) sowie dessen Fixierung in der Öffentlichkeit auf *Prophetin und Traumdeuterin[, e]ine Instanz*, um nicht abzustürzen zwischen ihren beiden Ich, dem *freudige[n], freundliche[n], unbefangene[n]* im Kreise um Anchises sowie Arisbe und dem *königstreu[en], gehorsam[en], übereinstimmungsbesessen[en]* (K 297; 108) im Palast.

Im Folgenden soll abschließend skizziert werden, in welcher Weise die Erschließung eines anderen Lebenskreises und die damit verbundene Herauskristallisierung eines neuen "Wir" Kassandra den Boden sichert, um sich von der bisherigen Palast-Wirklichkeit und der von dieser ausstrahlenden Verzerrung von Praktiken und Zielen des Miteinanderlebens abstoßen zu können. Dies gelingt nicht durch ihre Aufnahme in eine Utopie, sondern allein von einem anderen, durchaus wirklichen Ort des Miteinanders – einer Heterotopie[134] – her.

Der endgültige Wechsel in die Höhlen am Fluß erfolgt nach der Ermordung von Panthoos durch die um Penthesilea trauernden Frauen. Das Verhalten und Fühlen Kassandras während dieser Szene faßt in sich auf signifikante Weise ihre Person bis zu diesem Tag zusammen. Der lockende Rhythmus des Tanzes – *[m]eine Füße gingen lieber aus der Zeit* (K 325; 138[135]) – , ihre verzweifelte Rettungsgeste als sich überraschend der *unglückselge Panthoos* (K 326; 138) nähert und ihr Fall in todesersehnende Umnachtung und Krankheit lassen ein Schema ein letztes Mal aufleben: Dem nutzlosen Aufbäumen gegen ein Geschehen folgt der Rückzug ihres Willens, sein Sich-dem-Körper-überlassen. So, von

---

[134] Cf. griech. *Anders-Ort*: ετερος τοπος, in Menge.

Aineias Armen getragen, wird Kassandra schließlich in die Höhlen einziehen: *Dich mußte man hertragen, haben sie mir später scherzhaft vorgeworfen.* (K 326; 139) Kassandra ist also nicht freien Willens zu den Frauen gekommen. Der letzte Stoß, sich aus ihrer Palastverfangenheit zu lösen und der Wirklichkeit einer sich unter Eumelos und dem Krieg verändernden Familie zu begegnen, erfolgt von außen. Hier schwingt eine mögliche Antwort auf die Frage, was zu tun ist mit der Erkenntnis eigener Verstricktheit und gleichzeitiger Unmöglichkeit, sich aus dieser lösen zu können, mit.[136] Kassandra selbst führt in ihrem Erinnern die Notwendigkeit von Entschlossenheit vor Augen, einer Entschlossenheit, der sie erst am Ende Ausdruck zu leihen vermag, da sie einen neuen Rückhalt in einem *"Wir" – Da, endlich, hatte ich mein "Wir".* (K 328; 141) – und einen *Raum gefunden* hat, in den ihre *Stimme paßte* (K 327; 140). Eine weitere Antwort aber erwächst der Bestimmung des Frauenlebens in den Höhlen statt als Utopie, Nirgend-Ort, als Heterotopie, Anders-Ort.

In einem gleichnamigen Aufsatz erläutert Foucault[137] die Spezifika von Heterotopien, welche, werden sie der *Gegenwelt* am Skamandros zugrundegelegt, diese als eine Ausformulierung jener *unerfundene[n] dritte[n] Möglichkeit*[138] zwischen zwei Alternativen – Überleben um jeden Preis oder sang- und klanglos Untergehen – interpretierbar werden lassen. Im Unterschied zu Utopien und ihrer reinen Unwirklichkeit gehören die Heterotopien zugleich der wirklichen und der unwirklichen Sphäre an.[139] Diese Zwischenstellung aber fundiert in einem Bruch zwischen den Zeiten und basiert zugleich auf ihm: Denn die herkömmliche Zeit und mit ihr die herkömmliche Lebensweise werden zunächst zu Beginn einer Heterotopie ausgesetzt, und diese Aussetzung wird schließlich gelebt, d.h. immer wieder von Neuem provoziert.[140] Daher kann eine Art experimentellen, insofern nicht-gewöhnlichen Lebens verwirklicht werden: *[E]ine jede von den Frauen am Skamander [...] fühlte, daß wir etwas ausprobierten.*(K 338f.; 152) Dem Leben in der

---

[135] Cf. Büchner: Leonce und Lena, Erster Akt, Dritte Szene, Rosetta zu Leonce (117).
[136] Cf. Growe, 155, zur Weigerung Kassandras, mit Aineias zu fliehen: *Sie hat die Lehre angenommen, daß bestimmten Abläufen nichts entgegenzusetzen ist, solange man in sie involviert ist.*
[137] Cf. Litverz.
[138] Musil: Schwärmer, 7.
[139] Foucault: Heterotopie, 310f., wo er dies am Beispiel eines Spiegels ausführt: Dieser spiegelt etwas dort vor, wo es nicht ist im Sinne einer Utopie, und existiert doch selber gleichzeitig, so daß er – zugleich irreal und real – eine Heterotopie darstellt.
[140] Ebd. 313: *[...] funziona soprattutto e appieno quando gli uomini vivono una rottura con il tempo tradizionale; – [...] sie funktioniert vor allem und vollkommen, wenn die Menschen einen Bruch mit der traditionellen Zeit leben.*

Probe entspricht das Empfinden, die Zeit-Linie durchbrochen zu haben und *einen schmalen Streifen Zukunft [in die finstere Gegenwart] vorzuschieben* (K 339; 152). Bevor Kassandra jedoch mit den anderen von Anchises lernen darf, *wie man mit beiden Beinen auf der Erde träumt* (ebd.), muß sie den für Heterotopien ebenfalls konstitutiven Zulassungs-Regeln genügen.[141] Einerseits sind es die Frauen um Arisbe, welche die Zulassung Kassandras abhängen lassen von deren 'Entscheidung' zwischen ihrem *Hang zur Übereinstimmung mit den Herrschenden oder [ihrer...] Gier nach Erkenntnis* (K 264; 72f.), andererseits setzt der Eintritt in diese Gegenwelt von Kassandra her überhaupt erst die Anerkennung einer Wirklichkeit derselben und der Möglichkeit, in ihr zu leben, voraus. Es würde an dieser Stelle die Arbeit resp. den ihr zugemessenen Raum zu sehr dehnen, die Einzelheiten des Miteinanders der Frauen aufzuführen[142]. Jedoch bilden sie und die beständige Gewißheit ihrer aller zeitlicher Begrenztheit schließlich eine Art illusorischen Raum aus, welcher den anderen, jenen der Palast-Welt als noch illusorischer ausweist. Kassandra fängt das Verhältnis beider Räume denn auch in der Sprache des Theaters ein, indem sie den Palast als *Tragödie, die Welt der Berge und Wälder* als *Burleske* (K 255; 63) benennt. Indem aber in der letzteren der *Kern [...], daß man sich selbst nicht tragisch nimmt* (ebd.) ruht, indem hier das *Recht auf [...] Selbstsucht* (K 256; 63) endgültig verblaßt ist, vermag Kassandra schließlich auch für ihre Schwester Polyxena zu sprechen und in dem Ineinander zweier diskontinuierlicher Wirklichkeiten, der des Krieges, innerhalb deren Eumelos und der Vater Recht haben und jener anderen, wo sie zugunsten *Polyxenas Recht, und ihrem, [Kassandras] Recht* (K 331; 144) kein Recht haben, eine Stellung zu beziehen, anstatt sich wieder in einen Anfall zu flüchten. Das in der Heterotopie am Skamandros gelebte *Sein im Werden*[143] hilft Kassandra, aus ihrem nur Sein voraussetzenden und auf solches fixierten Bedürfnis nach Harmonie mit der Familie, den *eigne[n] Leuten* (K 255; 62) herauszufinden. Daher sie nun, in Mykenae, auch zu sehen vermag, was nicht ist: *Jetzt kann ich sehen, was nicht ist, wie schwer hab ichs gelernt.* (K 228; 34) *[D]en Verlust all dessen, was [sie] "Vater" nannte* (K 334; 146), kann sie nun von ihrem anderen Wir her tragen und damit auch den Schmerz, der letztlich ihrem Sehen, *wie jeder es könnte* (K 320; 132), gleichsam bestätigend folgt.

---

[141] Cf. Foucault 314: *Le eterotopie presuppongono sempre un sistema d'apertura e di chiusura che le isola e, al tempo stesso, le rende penetrabili.* – *Die H. setzen immer ein Öffnungs- und Schließungssystem voraus, das sie zugleich isoliert und durchdringbar werden läßt.*
[142] Cf. hierfür: Gerdzen/Wöhler 72ff.; Nicolai 53ff.; Risse 120ff. u.a..
[143] Maisch 89.

Indem aber für uns in ihrem Erinnern noch einmal der Prozeß auflebt, wie sie ihrem dem Priesterinnenamt, dem *"Vater"* verpflichteten institutionellen Sehen entgleitet, wird jene Gedanken-Sentenz der Günderrode in *Kein Ort. Nirgends* illustriert: *Sie begriff, wie manche Leute zur Sehergabe kommen: Ein starker Schmerz oder eine starke Konzentration erleuchtet die Landschaft ihres Innern.* (KON 135) Die Bilder von sich selbst und anderen werden in diesem Schmerz zusammengeschmolzen, einem neuen Verhalten zur Welt auf diese Weise Gestalt zu verleihen, welche sich nur ausformt, um erneut geändert zu werden.

Die Herausforderung, immer wieder neu zu sehen, benennt Kassandra als *[d]as Schwierigste [...], das Bild von sich selbst ändern* (K 220; 25), um auch diese Aussage sofort durch den erinnerten Panthoos in Zweifel ziehen zu lassen[144]. Kassandra aber mag die Wirkmacht der Bilder, welche letztlich dem Sprechen, den Worten, ihre Färbung verleihen, ahnen. Das Wissen ihrer 'Vermittlerin' Christa Wolf spiegelt sich hier wider, ist es doch auch ein Bild, das Kassandra überlebte: *Daß ich "die Wahrheit" sprach; ihr mich nicht hören wolltet – das hat der Feind verbreitet.* (K 310; 121) und dessen anderer, ihrerseits Interpretationen Raum gebender *Ausdeutung* (VzT 61) die Autorin nachfahndete. Tritt Kassandra nun den Lesenden im Spiegel ihrer eigenen Erinnerungen als eine Frau entgegen, welche das *Glück, ich selber zu werden und dadurch den andern nützlicher* (K 211; 15) noch zu leben vermochte, und die sich so weit gefestigt hat, daß sie nun auch *sehen [kann], was nicht ist* (K 228; 34), so drängt sich leicht der Eindruck von Typisierung und Repräsentanz in ihrer Gestalt auf.[145] Andererseits konstituiert sich dieser unter jener der Erzählsituation Kassandras immanenten Aussichtslosigkeit und ihrer Verstelltheit durch das absehbare Sterben, welches sie der Möglichkeit beraubt, auch dieses letzte Selbstbild, diese letzte Identität, in welche alle Erinnerungen scheinbar zwangsläufig einmünden, zu relativieren. Der gewisse Tod verleiht die Illusion des Zu-sich-selber-Gekommenseins.[146] Christa Wolf aber ist wohl der auch von Kassandra erinnerten Prozesse eingedenk, insofern sie formuliert, daß sich *Identität festigt im Widerstand gegen unzumutbare Verhältnisse,* was so viel heißt, daß Bindungen nicht zu Abhängigkeiten

---

[144] Cf. K 220; 25: *Worte [...]. Nichts als Worte, Kassandra. Der Mensch ändert nichts, warum ausgerechnet sich selbst, warum ausgerechnet das Bild von sich.*
[145] Cf. Weigel 86.
[146] Cf. DA 18, wo C.W. im Anschluß an die zitierte Frage Johannes R. Bechers – *Was ist das: dieses Zu-sich-selber-Kommen des Menschen?* – feststellt: *Literatur, in der diese Frage nicht wenigstens mitschwingt – und sei es als Klage, als Verzweiflungsschrei –, verfällt dem Verdikt der Sterilität.*

erstarren dürfen, daß sie, von Fall zu Fall, wieder gelöst werden können, sogar müssen (Tabou 29). Kassandra nun erscheint auf einer Grenze, deren Sinnlosigkeit sie sich weder zugeben will noch kann, daher sie gleichsam in einer letzten Abhängigkeit des ausschließlichen Auf-sich-selber-Zurückgeworfenseins sich ihrer selbst erinnert. Die schon zitierte Einschätzung von Sigrid Weigel[147] vermag vor diesem Hintergrunde relativiert zu werden, insofern die von ihr monierte und in den Begriff Seherin gefaßte Selbstsicherheit Kassandras in den Umständen ihrer todgestimmten Situation verwurzelt ist.

Begegnet uns mit Kassandra ein Innenblick in die Herkunft und auf die Wurzeln der Hartnäckigkeit von Selbst- und Fremdbildern im Einzelnen, wobei der Grund des Kassandra-Mythos in Kassandra selbst offengelegt wird, so konfrontiert uns *Medea. Stimmen* mit dem Wechselspiel von Ansichten, Hoffnungen, Ängsten von verschiedenen Personen, von Fremd- und Eigenblicken, aus dem ein Mensch – Medea – entsteigt, der jedoch entsprechend den um ihn schwankenden Perspektiven, sich einer Festlegung, einem sicheren Profil entzieht. Daß Geschichtsschreibung und auch oft die Literatur in einer Einschränkung dieser Pluralitäten von Sichtweisen und Bewertungen, welche die 'Unteilbarkeit' des Einzelnen und die im Worte 'Realität' mitschwingende Eindeutigkeit in Frage stellen, gründen und diese Blick-Verengungen denn letztlich auch vermitteln, wirft uns ein letztes Mal auf Kassandra zurück: *Mein Leben, meine Stimme, mein Körper gaben keine andre Antwort her. Du stimmst nicht zu? Nein. Aber du wirst schweigen. Nein. Nein. Nein. Nein.* (K 335; 148)

In Medea nun agiert eine Frau, die ihr Nein gegenüber Fremdansprüchen zu wahren und zu leben vermag, auch wenn sie nicht recht zu fassen ist im Kreuzpunkt diverser Blickrichtungen. Gerade hierin aber manifestiert sich wiederum ein Nein der Autorin Christa Wolf gegenüber einer Versteifung der Wirk-lichkeiten zu Realität.

---

[147] Cf. unter der Überschrift: Was wird gesehen beim Sehen oder: *Wieviele Wirklichkeiten gab es denn [...]?*

III. Medea – Schwierigkeiten einer Zu-sich-selber-Gekommenen

Vorspann

Auch in dem 1996 erschienenen Roman *Medea. Stimmen* wird die Mythenhandlung primär nicht umgeschrieben, sondern erzählt – aus der Innenperspektive der mythischen Gestalten selbst – und als solche aufgeschrieben von Christa Wolf. Der auf verschiedenen Seiten gegen *Kassandra* erhobene Vorwurf einperspektivischen Erzählens[148] läßt diese zweite Mythen-Exkursion der Autorin gleichsam als eine Reaktion auf denselben erscheinen. Denn nun sind es *Stimmen*, welche das Geschehen einer Ausgrenzung Medeas berichten und gleichzeitig unterschiedliche Grade ihrer Involvierung in die Vorgänge sowie unterschiedliche Weisen ihres Umganges mit diesen präsentieren.

Allerdings erzählen sie nicht aus einer Situation gemeinsamen Rückblickens heraus, sondern eine jede Stimme trägt, indem sie die in ihr sprechende Person mit ihren Interessen, Erinnerungen und Empfindungen gegenüber den anderen Personen, insbesondere Medea, enthüllt, ein Stückchen der Ereignisse, welche noch nicht abgeschlossen sind, vor. Das Geschehen treibt noch mitten in der erzählten Zeit und erst das Aneinanderreihen der Stimmen, deren jede neben ihren eigenen Motivationen und Reibungen mit Medea etwas Neues berichtet, ermöglicht am Ende für den Lesenden eine Rekonstruktion der Vorgänge. Diese aber muß sich auf die Oberfläche des Geschehenen beschränken, da die Vielzahl der beteiligten Stimmen im Unterschied zu *Kassandra* ein *Ja. So war es.* (K 342; 155) nicht zuläßt.[149]

Auch wenn die Stimmen eine Linearität der Ereignisse hin zum Ende der Vertreibung Medeas aus Korinth vermitteln und ein Prozeß ihrer Ausgrenzung hier in vielmundigen Brechungen widergespiegelt wird, bleibt nach der Lektüre des Romans das Empfinden eines Netzes, das sich um Medea zusammenzog, aber gleichzeitig auch um die anderen, so daß ein jeder den anderen eine an der Bewegung des gesamten *Gewebes* mitwirkende Masche zu sein scheint, eines *Gewebes*, das wir Wirklichkeit nennen und an dessen

---

[148] Cf. Quernheim 332, wo sie Weigel in einer Anm. zitierend, das Aufleben einer *vorbildlichen Heldin* in Kassandra kritisiert, unter deren Perspektive alle anderen Figuren ihre Einzigartigkeit verlieren würden (cf. auch 335).
[149] Somit vermag ich der auf eine *Dienstverpflichtung zur Identifikation* zugespitzten Meinung Jürgen Krätzers (cf. ebd. 51) gegenüber der 'Stimmentechnik' in dem Roman nicht zuzustimmen. Mögen auch die einzelnen Stimmen untereinander nicht stark profiliert sein, so behauptet sich doch der Inhalt ihrer

literarischer Reflexion Christa Wolf die Lesenden schon in ihren *Voraussetzungen zu einer Erzählung* teilhaben ließ.[150] Das Einfangen des sich im Divergenten der einzelnen *Stimmen* herauskristallisierenden Geschehens-Ablaufes wird zum Entscheidenden, insofern dieser vorgibt, unserer herkömmlichen Wirklichkeitssicht zu entsprechen, und zugleich demonstriert wird, aus welcher Diffusion von An-Sichten heraus sich eine einzige, 'tatsächliches Geschehen' benannte formiert. Somit ist auch nach dem Ende in Fluch und Antwortlosigkeit die Ausgangssituation, in welche hinein die *Stimmen* sprachen, noch aktuell: *Unsere Verkennung bildet ein geschlossenes System, nichts kann sie widerlegen.* (M 10[151]) Vor diesem Satz wird deutlich, daß die *Stimmen* nicht allein sich vor-führen, sondern auch uns, insofern sie aus einer Art Nötigung heraus, wie sie unsere in Hinsicht auf Medea durch die Literatur bedingte Verkennung darstellt, erzählen. Wieder wird der Mythos in seiner literarischen Verfestigung von innen her mittels einer Belebung des ihm immanenten Mythischen in den einzelnen Menschen (Figuren) durchstoßen.

Es gilt nicht allein Medea. Mag auch sie die *Stimmen* aus dem Schweigen heraufbiegen, daß sie das Anfangsgeleit bilden, welches *uns in das Innerste unserer Verkennung und Selbstverkennung* (M 10) hineinführt. Hinter ihr, hinter dem schon in der Begegnung mit Kassandra gelebten, diese in ihrer Nähe und Intensität erst voraussetzenden Zusammenfließen von *Orts- und Zeitbestimmungen* (VeE 166), blitzt denn auch deutlich und fordernd die Frage nach dem *Maß des Humanen* (HA 167), nach dem *[I]mmer noch und [I]mmer wieder* (HA 165) von gestörten Hoffnungen sowie Unsicherheiten und deren Kanalisierung in Opfer auf.

In dieser zweiten Auseinandersetzung mit den Mythen verwirklicht sich somit ein weiteres Mal ein plötzliches Ineinander der Zeiten, welches im Ausdruck der *Achronie* von Elisabeth Lenk[152] seine prägnante Benennung findet. Dieser durch den Mythos inspirierte Schmelzblick, mit dem unversehens Wirklichkeit zu schwingen anhebt und die Linearität der Zeit aufgebrochen wird, läßt das Gewesene hinein in die Unmittelbarkeit unserer Wahrnehmungen, wie sie zum Beispiel im Hören der *Stimmen* lebendig ist. Damit aber wird die in dem Verweis auf Vergangenheit und gar Mythen liegende Grenze zwischen

---

Reden und wirft als solcher ein problematisches Licht gerade auf Medea, welches in der folgenden Interpretation auch gezeigt werden soll.
[150] Cf. die kurze Vorrede ebd..
[151] Eine Zitation, deren Wortlaut Girard, 33, entnommen ist.
[152] Cf. Lenk, E.: Achronie: Versuch über die literarische Zeit im Zeitalter der Medien. In: Interventionen. 4. Jahrbuch des Museums für Gestaltung. Zürich: Roter Stern Verlag Basel, 1995.

Wirklichkeit und Unwirklichkeit ein weiteres Mal aufgehoben. Auch die Betroffenheit durch *Medea. Stimmen* ist unsere und in ihr spiegelt sich Gegenwart. So wurzeln die folgenden Betrachtungen gleich jenen für *Kassandra* in der These, daß Christa Wolf den Mythos, insofern er eine Äußerung über Wirklichkeit darstellt, mit einer Äußerung dieser selbst gleichsetzt. Auch die ideologisierte Seinsweise des Mythos *im Sinne falschen Bewußtseins* (VeE 134; 104) wurzelt vor diesem Hintergrund in einer bestimmten Wirklichkeit, die, insofern sie dieser Art Mythen bedarf, selbst von *falsche[m] Bewußtsein* durchdrungen ist.[153] Daher erwächst Christa Wolf auch die Möglichkeit, mittels Varianten ein und desselben Mythos jene eine, sich mittels Euripides formierende und durch die Jahrhunderte hinweg behauptende, Medea auf die Kindsmörderin fixierende Variante umzustülpen.[154] So versucht die Autorin eine Subversion des altbekannten Mythos von Innen, von jenen Potenzen her, die zu seinem Gunsten verdrängt, im Schweigen eingeschmolzen worden sind, und bietet damit ein Modell auch für den Umgang mit (alltäglicher, offizieller) Wirklichkeit an. Daher der Mythos nicht allein als Analyse-Modell fungiert, um *die zeitgenössischen Probleme besonders deutlich heraus[zu]filtern* (VzT 49), sondern auch Handlungsimpulse weitergibt.

In diesem Sinne wird hier die Wirksamkeit des latent Mythischen und Singulären lebendig sowohl in seiner Fähigkeit, Wirklichkeit zu verfestigen und auf bzw. in 'Mythen' festzulegen als auch in seinem Vermögen, eine einmal solcherart verfestigte Wirklichkeit wieder anzustoßen und zersplittern zu lassen. Ersteres begegnet in Korinth und dem in ihm praktizierten Umgang mit Iphinoe und später Glauke sowie bei Medea und Iason, deren aller Geschichte in ihrer sprachlich aufgefüllten Doppelbödigkeit ausgeleuchtet wird mittels jener Frage nach dem Gewordensein von Menschen, die schon anderen Texten Christa Wolfs deren spezifische Erinnerungs- und Reflexionsstruktur aufprägte.[155]

---

[153] Cf. auch Mayer 92/93: *Mythen und Legenden, Produkte der Kultur und damit von Menschen zur Erklärung der eigenen Geschichte gemacht und konstruiert, werden zu dem "geschlossenen System" (10), von dem Wolf im Vorspann spricht, und das ins Dunkel der "Verkennung" führt, das die Autorin exemplarisch an Medeas Geschichte und deren Interpretation und Rezeption aufzeigt.*
[154] Für einen ausführlichen Vergleich des Romans mit Euripides und Seneca sowie eine Auflistung jener Elemente bei Christa Wolf, die sie weniger bekannten Varianten, wie sie besonders bei Kerényi und Ranke-Graves aufgezählt werden, entnommen hat, möchte ich auf Grund des schmalen Rahmens dieser Arbeit auf die Studie Birgit Rosers und das in ihr enthaltene, Kapitel *Mythos als Stoff: verschiedene Varianten des Medea-Mythos in Medea* verweisen.
[155] Cf. VzT 44 zu Medea: *Wie ist sie so geworden, was hat ihr den Boden unter den Füßen weggezogen [...].*

Hierbei gibt die aus Kolchis mit Jason fortgegangene Medea, welche nun als Fremde in Korinth zu leben sucht, den Leitfaden in der Problematisierung von Alterität und möglichen Ursachen von deren Ausgrenzung – als *Fremde[s ...,...] angstmachende[s] weibliche[s] Element[...]* (VzT 50) und letztendlich auch als anderstönende Überlieferungen – vor. Den Spuren dieser Ausgrenzung soll in dieser Interpretation innerhalb des zwischen Korinth und Kolchis gespannten Erlebnisrahmens für Medea nachgetastet werden. Warum entwich Medea Kolchis? Auf welchen bedürfnisgesäumten Wegen wird sie nun in Korinth zum *Sündenbock*, zur *femina sacra*, welche die Stadt zugleich bedroht und doch erhält? Die hier angesprochene Ambivalenz als 'Funktionszelle' abendländischer Politik und Macht bedarf einer Entfaltung, um Christa Wolf und Lesende nicht auf einen *Geschichtspessimismus*[156] festzulegen, sondern vielmehr ihre Frage nach der Schuld von handelnden Menschen, wie sie von den Interpreten und auch implizit von der Autorin selbst den Texten zugrundegelegt wird,[157] als eine Frage begreifen und befruchten zu können, die unmittelbar in den Kern der Macht als Recht über Leben und Tod *(vitae necisque potestas)* zielt: Denn *[n]icht das einfache natürliche Leben, sondern das dem Tod ausgelieferte (das nackte oder heilige Leben) ist das ursprüngliche politische Element.*[158]

Diese für das öffentliche Leben konstitutive Komponente läßt Medea einsichtig werden, auch wenn sie ihr selbst verborgen bleiben mag.

Ich wollte mir klarmachen, wo ich lebe. *(M 161)* – *Zwischen Korinth und Kolchis: Illusion eines Wechsels*

Schon bei Euripides leuchtet Kritik am Leben in (Athen-)Korinth aus Medeas Worten und Taten, beklagt sie das Geschick der Frauen und sucht sie mit ihrem Handeln auf eine von den Maßstäben des Besitzes und des Profits geprägte Wirklichkeit zu reagieren. Den berechnenden Umgang mit Stadt-Fremden sowie deren durch Mißtrauen unsicheren

---

[156] Paul 238.
[157] Cf. HA 9: *Menschen ohne Schuld, das gibt es*; hierzu Paul, 236: *[D]ie eigentliche, vielleicht nicht ganz offen zugegebene Erkenntnis beider Texte [also auch 'Kassandras'] ist, daß es nicht möglich ist, historisch zu handeln, ohne schuldig zu werden.*
[158] Agamben 98: *Non la semplice vita naturale, ma la vita esposta alla morte (la nuda vita o vita sacra) è l'elemento politico originario.* (i. O. kursiv) Die Studie Agambens zu *bloßem Leben* und *souveräner Macht* bewegt sich unter der ebd. nachgewiesenen Prämisse, daß *heilig/verflucht* weniger eine religiöse, denn unsere Politik ursprünglich begründende politische Kategorie darstellt, hin zu der These vom Aufeinanderverwiesensein von Leben und Macht und einer Besetzung von ersterem durch letztere, welche im Konzentrationslager schließlich zum ersten Mal konsequent in ihrer Wirksamkeit sichtbar wurde.

Status wiederum tönt schon Seneca in seiner nicht sicher datierbaren[159] gleichnamigen Tragödie an. Mögen jedoch auch die scheinbar innovativen Stränge wie Fremdenfeindlichkeit und Kritik an patriarchaler Herrschaft sowie Besitzdenken *in Ansätzen bereits in den antiken Medea-Dramen angelegt*[160] sein, so akzentuiert Christa Wolf das Verhältnis der Heimat- und Herkunftsstadt von Medea – Kolchis – sowie ihrer Exilstadt Korinth in seiner Relevanz für Medea um, insofern sie eben nicht in Liebe zu Jason entbrannt ihren Ort wechselte.

Äußerlich weitet die Differenz beider Städte hinsichtlich ihrer Lebensweisen in sich die Problemfelder des Umgangs mit Fremden in Geschlecht, Abstammung, Wissen. Sie bildet schließlich den Hintergrund für die Herauskristallisierung der Besonderheit Medeas in der Wahrnehmungsweise der Anderen. So klingt häufig die Andersartigkeit von Medea in den *Stimmen* hervor, sobald sie sich auf deren Sein in Korinth beziehen. Es ist dies eine Andersartigkeit, in welcher ihr Frausein, ihr Wissen, ihr Kolcherinnensein zusammenfließen, und aus der sie sich zugleich zu nähren scheinen, und welche des Akamas Stimme in ihrer Erinnerung an Gespräche mit Medea mit deren eigenen Worten einfängt: *Was nützlich sei, müsse nicht unbedingt gut sein. [...] Sie gab sich Mühe, mir zu erklären, was sie in Kolchis unter gut verstanden hätten. Gut sei gewesen, was die Entfaltung alles Lebendigen befördert habe.* (M 112) In dieser Aussage Medeas nun leben die Ursachen sowohl ihres Wegganges aus Kolchis als auch ihrer Unbequemlichkeit für die Korinther und die Medea hieraus erwachsende Unmöglichkeit, in einer der beiden Städte zu existieren, auf.

In Medea begegnet eine seltsame Verschränkung von Ausgrenzungen: Wird sie unter dem Eindruck der das Selbstbewußtsein der Korinther untergrabenden Naturereignisse wie Hungersnot, Erdbeben, Pest verleumdet mittels einer instrumentalisierenden Ausnutzung jener drei 'handgreiflichen' Andersheiten als Frau, Fremde, Wissende, welche sie zu einer der *böse[n] Kunst* (M 162) kundigen Frau vom *Rand der Welt* (M 41) werden läßt, so kommt Medea der sich in dieser Verleumdungsbereitschaft ausdrückenden Furcht mit ihrem Streben, *die verschüttete Wahrheit aufzudecken, die unser Zusammenleben [sc. in Korinth] bestimmt* (M 160), entgegen. Das zentrale Charakteristikum Medeas, von dem die Ereignisse schließlich ausstrahlen, welches ihr Grenzgängertum bedingt und somit auch die Grundlage einer Art Selbstausschließung darstellt, ist ihre *moralische Andersartigkeit*

---

[159] Cf. Häuptli 135.

und Überlegenheit. Die Fremdheit Medeas wurzelt also tiefer denn in ihrer Herkunft und in ihrem Selbstbewußtsein als Frau in einer *ethische[n] Differenz.*[161] Diese und die hierin keimende Notwendigkeit, sich in dem von ihr gewählten Lebensort des Guten, wie sie es versteht, zu versichern, hatte sie aus Kolchis fortgetrieben. Im Hoffen des Beginnens hielt sie Korinth für eine der Geheimnisse unbedürftige Stadt – *als Flüchtling in König Kreons schimmernder Stadt Korinth, da dachte ich neidvoll: Diese hier haben keine Geheimnisse.* – im Unterschied zu einem Kolchis *voller dunkler Geheimnisse* (M 16), die plötzlich gleichsam aus dem Hinterhalt in Form alter, längst vergessener Sitten hervorbrechen können. Denn deren unvorhergesehene Wiederbelebung, welche, statt einen erhofften Ausweg aus der knöchern-starren Regierungsgewalt des Vaters Aietes zu eröffnen, diesen mit Tod verbaute, ließ Medea mit Iason gehen. Allein die in ihrem Wertesystem verschlungenen Korinther aber werden aus ihrer Unwissenheit um die Wirklichkeit in Kolchis heraus für den in der Unterstützung Iasons und in ihrer Flucht mit ihm wirksamen ungeheuren Bruch mit Heimat, Sippe, Sitten ihre eigene, Medea überlebende Begründung formen: *Ich mußte ihm, Iason, unrettbar verfallen sein.* (M 25)

Nun aber hält sie unversehens die Vergangenheit, welche sie in Kolchis glaubte, in Korinth, in einem *düstere[n] Kellergewölbe* (M 20) des Palastes mit den *Knöchelchen dieses Kindes* (M 33) erneut in den Händen, und das Wissen um die *Vergeblichkeit [ihrer] Flucht* (M 30) schießt empor. Korinth ist als Spiegelstadt von Kolchis entlarvt, da *auf einer Untat gegründet* (M 23). Die menschenopfergestaltige Gewalt hat Medea eingeholt. Bindet beide Städte die Ermordung ihrer Königskinder sowie deren Rahmen eines auf seiner Herrschaft beharrenden Königs aneinander, so konfrontiert diese Ähnlichkeit Medea mit der Sphäre souveräner Macht. Innerhalb dieser kann getötet werden, da sie den Zugriff auf Menschen als *bloßes Leben* nicht allein sichert, sondern auch im Interesse ihres Bestehens herausfordert.[162] Dieser Zusammenhang wird besonders deutlich bei Iphinoe.

---

[160] Roser 66.
[161] Für die beiden letzten Zitationen: Shafi, 383, deren Bestimmung der *ethische[n] Differenz* im Sinne *moralische[r] Andersartigkeit und Überlegenheit*, welche Medea *unter Beweis zu stellen* streben würde, ich jedoch nicht zustimmen kann. Auch ihre These einer Weiterführung des in Kolchis ausgetragenen Konfliktes *zwischen unterschiedlichen, aber gleichberechtigten Loyalitäten* (380) scheint mir problematisch, da die Äußerungen Medeas auf etwas anderes denn die *innere [...] Verpflichtung* zur Aufdeckung der Verbrechen in Korinth (Cf. ebd.) weisen, wie die folgenden Ausführungen zeigen sollen.
[162] Cf. Agamben, der unter Berufung auf Benjamin (Zur Kritik der Gewalt. In: GS. Frankf./M. 1974-1989, Bd. II, 1 (1977), S. 72ff.) das irreduzible Netz, welches Gewalt und Recht bindet (72), herausstellt, um fortzufahren: *la violenza sovrana apre una zona d'indistinzione tra legge e natura, esterno e*

Durch die Bestrebungen ihrer Mutter und anderer Korinther geriet sie für ihren Vater Kreon in jenen seiner Macht sowohl gefährlichen als auch begünstigenden Bereich. Ihre als Opfer getarnte Ermordung vermag nicht darüber hinwegzutäuschen, daß Iphinoe hier als eine *femina sacra*, die tötbar, aber eigentlich nicht den Göttern in einer Zeremonie opferbar ist, an Konstitution und Festigung der Macht ihres Vaters teilhatte. Diesem gelingt es vor sich selbst, seinen Machtanspruch mittels der Verantwortung für Korinth zu rechtfertigen: Der *Lauf der Zeit* (M 116) erlaubt keine Umkehrung in den Sitten durch Wiederbelebung alter Zeremonien und Herrschaftsformen. Stattdessen verlangt er nach Eingliederung und einem 'Damm', *um zu verhindern, daß man von ihm überrannt werde* (ebd.). Die Richtung auf die *Zukunft* geben andere *unter Kämpfen und Greuel* (ebd.) in Form der Staatsgründungen um Korinth vor, daher das Wagnis eigener Lebensweise im Sinne eines von Frauen regierten Korinth den Untergang der Stadt provozieren würde.

Es ist Medea, die von ihrem Drang nach Gewißheit getrieben – *Ich muß es jetzt wissen.* (M 95) – Akamas jene Worte sprechen läßt, welche einen Einblick in den Mechanismus einer nunmehr etablierten Macht bieten und unter deren Licht ihr Weggang aus Kolchis, ihr selbstgewähltes Exil zur Vergeblichkeit verblassen. Hier wie dort zeichnet sich als originäres, stabilisierendes Element von Politik das dem Tod ausgesetzte Leben[163] ab. Hier wie dort realisierten sich der 'heilige' Mensch wie die souveräne über ihn verfügende Macht in einem Ausnahmezustand. So wird Iphinoe in einer Situation interner Bedrohung als *Preis* (M 116), als Zugeständnis ihres Vaters an die Erfordernisse seiner eigenen Macht 'entrichtet'. Zwar wird ihre Tötung in einen zeremoniell-religiösen Rahmen eingebettet, jedoch wird ihr diese Behandlung schon zuteil als einem *bloßen Leben, das, übrigbleibend (Rest bleibend) und unreduzierbar, ausgeschlossen und dem Tod als solchem ausgesetzt werden muß, ohne daß irgendein Ritus oder irgendein Opfer es einlösen könnten.*[164]

Medea aber, indem sie entsprechend ihrem Verständnis von *gut* sowie einem in diesem gründenden anderen Politikverständnis, diesen über Leben und Tod entscheidenden Zugriff *Mord* (M 117) nennt, befindet sich schon selbst im Bannkreis ebendieser Macht,

---

interno, violenza e diritto (73) & *[il] portatore del nesso fra violenza e diritto, che egli [sc. Benjamin] chiama >nuda vita<* (*bloße[es] Leben*) (74/75) - *die souveräne Gewalt öffnet eine Zone der Ununterscheidbarkeit von Gesetz und Natur, Außen und Innen, Gewalt und Recht & den Träger des Netzes zwischen Gewalt und Recht, [...] nennt er bloßes Leben.*
[163] Cf. Zitation Agambens (98) in Anm. 159 und die entsprechende Übersetzung im Text.
[164] Agamben 112: *[...] nell'homo sacer, infine, ci troviamo di fronte una nuda vita residuale e irriducibile, che dev'essere esclusa ed esposta alla morte come tale, senza che alcun rito e alcun*

welche, um sich jenen Zugriff zu erhalten, beständig Ausschließungsmechanismen aktivieren muß.

Christa Wolf konfrontiert in 'ihrer' *Medea* auf diese Weise die Lesenden mit den Mechanismen einer auf eine umfassende Verfügungsgewalt orientierten Politik, welche sich jedoch selbstverhüllend der öffentlichen Meinung und der 'normalen' Menschen bedient.[165]

Medea hat *zu einem ungünstigen Zeitpunkt* (M 119) jene das Fundament der Politik bildende Umschaltstelle von Leben zum Tod, deren rituelle Verbrämung das Menschenopfer darstellt, tangiert. Auch wenn sie lediglich *für sich selber [...] Klarheit* (M 117) beansprucht und keineswegs ihre Erkenntnisse den Korinthern mitteilen will, wird sie zur Bedrohung. Daher wird nun sie, ihr Leben, zur Fläche von zweierlei ineinandergreifenden Bewegungen: Sowohl ihre Beseitigung aus der Stadt als auch das ablenkende Ausagieren der in Unsicherheit, Furcht und Mißtrauen gegenüber der Politik[166] unruhigen und Kreon bedrängenden Korinther finden in Medea eine Projektionsfläche.

Der Sündenbock-Mechanismus bildet letztlich nur die Konsequenz einer Politik, welche auf der Befähigung, Leben seiner Auslöschbarkeit auszusetzen, beruht. Entsprechend der diesen Ausführungen zugrunde liegenden Gedanken Giorgio Agambens ist ein solcherart betroffenes Leben und somit virtuell **jedes** Leben heilig: *[D]ie Heiligkeit [...] ist die ursprüngliche Form der Verwicklung des nackten Lebens in die juristisch-politische Ordnung, und das Syntagma '**homo sacer**' benennt etwas wie die ursprüngliche >politische< Beziehung, d.h. das Leben, insofern es in einer einschließenden Ausschließung den Bezugspunkt für die Entscheidung des Souveräns bildet. Heilig ist das Leben nur, insofern es in der souveränen Ausnahme erfaßt ist, und die Verwechslung eines politisch-juristischen Phänomens [...] mit einem rein religiösen Phänomen ist die Wurzel der Mißverständnisse, welche in unserer Zeit die Studien sowohl über das Heilige als auch über die Souveränität kennzeichnen.*[167]

---

sacrificio possano riscattarla. – [...] im homo sacer schließlich begegnen wir einem bloßen Leben,... (s. Text o.).
[165] Cr. Agamben 133f., wo er ausführt, daß die 'Politisierung des Lebens' (Karl Löwith), die eine Kontinuität zwischen Demokratien und Totalitarismen darstellt und somit auch den Übergang von einer Regierungsform zur anderen ermöglicht, im Recht über Leben und Tod eines Menschen beginnt.
[166] Cr. die Forderungen der Hethiter, M 119.
[167] Cr. Agamben 94: *[L]a sacertà è [...] la forma originaria dell'implicazione della nuda vita nell'ordine giuridico-politico e il sintagma '**homo sacer**' nomina qualcosa come la relazione*

Die Neigung, eigene Ängste, Wut und Zorn auf einen Einzelnen oder eine Gruppe zu übertragen, sichert nicht allein den souveränen Macht**bereich**,[168] sondern kommt dem beständigen Konstitutions- und Legitimationsbedürfnis der Macht selbst entgegen. Daher die zwischen den *Stimmen* brennende Frage jene nach den Bedingungen der Möglichkeit einer opferlosen Politik ist, begegnete doch schon in Kolchis als sichernde Basis der Politik das Opfer. Allein die Umstände trugen eine andere Gestalt. Ihre kurze Betrachtung vermag den sich über die Zeiten bewahrenden Konflikt Medeas etwas tiefer auszuleuchten.

Die Umstände ihrer Flucht aus Kolchis leben in zwiefacher Gestalt wieder auf. Konfrontiert Akamas Medea in ihrer 'Aussprache' zu Iphinoe mit der offiziell geschürten Außensicht sowohl auf Iphinoe als auch auf Medea, deren Achse das Gerücht vom Brudermord darstellt, so treibt ein anderer Problemstachel Medea an, so daß die impliziten Drohungen des Priesters unter der Schwelle ihrer Aufmerksamkeit liegen.

Ihre Erinnerungssicht und die suggestiv einer bestimmten gegen Medea gerichteten Absicht entsteigende der Anderen erwachsen beide jener Grauzone, wie sie das Konturen verwischende Gleiten der Jahre begünstigt. Medea ahnte in ihrer Skepsis gegenüber der Beharrlichkeit von Tatsachen schon, daß die Vergangenheit noch stärker denn die Gegenwart in ihrer Formung zu aller Verfügung steht. So will sie sich wider die *Legenden* auf ihre Gründe für den Weggang aus Kolchis besinnen und weiß doch, daß es *nichts nützen [wird], ihnen die Tatsachen entgegenzuhalten. Falls es noch etwas wie Tatsachen gibt, nach all den Jahren.* (M 31)

Wirklichkeit entsteht da, wo mindestens zwei Menschen sich in ihren Aussagen über dieselbe treffen[169] und einen Attraktions- und Anlaufpunkt für andere Menschen anbieten. So vermag beispielsweise das von Agameda angesponnene Gerücht vom Brudermord unter dem Einfluß des Akamas ein Netz, stark genug, Medea ihrer Bewegungssicherheit in Korinth zu berauben, auszuwerfen.

Warum aber ging Medea mit Iason fort? *Was wollte ich gut machen, oder wiedergutmachen, als ich mir keinen anderen Rat mehr wußte, als mit Iason zu gehen.*

>politica< *originaria, cioè la vita in quanto, nell'esclusione inclusiva, fa da referente alla decisione sovrana. Sacra la vita è solo in quanto è presa nell'eccezione sovrana e l'aver scambiato un fenomeno giuridico-politico [...] per un fenomeno genuinamente religioso è la radice degli equivoci che hanno segnato nel nostro tempo tanto gli studi sul sacro che quelli sulla sovranità.*

[168] Cf. Girard: *Das Opfer schützt die ganze Gemeinschaft vor ihrer **eigenen** Gewalt.* (Herv.i.O.).
[169] Cf. auch Roser 99-103.

(M 30) In der Antwort auf diese "Frage" liegen ihre auffällige Gelassenheit gegenüber ihrer Bedrohung durch die *Stimmungsmache* (M 117), ihre Ablehnung von Arinnas Angebot, mit ihr in die Berge zu fliehen sowie die diesen Vorgängen vorausgehende Unbedingtheit im Wissenwollen Medeas verborgen. Die Entdeckung der Ähnlichkeit Korinths mit Kolchis bei aller äußeren Differenz verdeutlicht Medea ihre Verfangenheit in ein tief mit der Gewalt verwurzeltes System, welches ihre bereits vollzogene Flucht und auch jede weitere in Sinnlosigkeit tauchen muß.

Denn opferte nicht auch Aietes letztlich seinen Sohn eigenem Machtbedürfen? Nun erkennt sie in Iphinoe die eigentliche Schwester des Absyrtos.[170] Der Mord an ihrem Bruder hatte ihr schon in Kolchis unwiderruflich die Gefahr vergegenwärtigt, welche aus dem 'Spiel' mit den *Bruchstücken der Vergangenheit* (M 94), wie es auch in Korinth unter Anleitung von Merope versucht worden war, unversehens mit todbringender Wucht hervorzuschießen vermag. Der Tod ihres Bruders hat das Potential der Vergangenheit, Alternativen für eine werdende Zukunft anzubieten, jäh diskreditiert. Anders als in Korinth, wo Kreon die Tötung seiner Tochter veranlaßt, aber gleichzeitig den aufgeklärten, Menschenopfer in religiösem Rahmen ablehnenden Korinthern die Aufklärung über das Geschehen versagt, wird Aietes selbst nicht aktiv. Vielmehr töteten *alte[...] Weiber* (M 93), welche sich dem Dienste an den alten Sitten und Gesetzen widmeten, Absyrtos, da entsprechend den überkommenen Vorschriften *nur einer [...] überleben [konnte], der König oder sein Stellvertreter* (M 94). Indem Medea aber die Wiedererinnerung sowie Aktivierung der alten Sitten mit dem Ziel, den Vater zur Thronabgabe zu nötigen, mitbeförderte, ohne auch deren gefährliche Aspekte mitzubedenken, wurde auch sie schuldig: *Und seitdem ist mir ein Schauder geblieben vor den alten Zeiten und vor den Kräften, die sie in uns freisetzen und derer wir dann nicht mehr Herr werden können.* (ebd.)

In dem von den Frauen praktizierten Ritus (Sparagmos[171]) aber leuchtet die alte, ursprüngliche Nähe auch des Königs zum homo sacer in Form seiner Tötbarkeit auf.[172] Medea selbst bemerkt die vom Wandel der Riten bedingte und zugleich kaum mehr nachvollziehbare Umakzentuierung – *[i]rgendwann muß aus diesem Töten des*

---

[170] Cf. M 97.
[171] Zu σπαραγμος, *das Zerren; Zerreissen; Zerfleischen*; cf. Menge WB.
[172] Cf. auch Agamben 105ff., wo er diese Koinzidenz am Beispiel der *consecratio*, dem römischen Beerdigungsritus für die Könige, exemplifiziert, um jene *Sphäre* zu umreißen, *in welcher der politische Körper des Königs sich fast bis zur Verwechslung dem tötbaren, nicht opferbaren Körper des **homo sacer***

Stellvertreterkönigs, das alle guthießen [...] Mord geworden sein (ebd.) –, welche für den König von der Konnotation des *homo sacer* allein die Nichtopferbarkeit des Souveräns bis in unsere Gegenwart hinein wahrte.[173]

Somit gründet die Macht **beider** Könige in einer sich verschieden gerierenden Sakrifizierung menschlichen Lebens und vermag sich späterhin zu bewähren, indem sie sich auch der Kreierung von *bloßem Leben* in den sogenannten Sündenböcken bedient und die 'Fremden' zu diesem Zwecke Fremde sein läßt. Die Gestaltung dieses Verhältnisses (Macht – homo sacer) entsprechend den verschiedenen Gesellschaftsebenen rekonstruiert Agameda als sie die Hintergründe des Verhaltens von Akamas gegenüber Medea beleuchtet und diesem die gewöhnlich-alltägliche Beziehung der Korinther zu den Kolchern entgegenstellt: *[W]as Medea für ihn [sc. Akamas] leistet, ganz ohne es zu wissen: Sie ermöglicht ihm, sich selbst zu beweisen, daß er auch zu einer Barbarin gerecht, vorurteilsfrei und sogar freundlich sein kann. Diese Eigenschaften sind am Hof in Mode gekommen, anders als beim gemeinen Volk, das ohne Gewissensbisse und ohne Einschränkung seinen Haß auf die Barbaren auslebt.* (M 79) Im Zerreißen der dünnen Alibi-Hülle, mit der die Macht in Gestalt des Akamas sich deckt, sieht denn Agameda auch ihren Anreiz, gegen Medea zu intrigieren. Ihr Vorsatz – *Ich will nicht niemand sein.* (M 72) – und die verinnerlichte Notwendigkeit, aus *Klein-Kolchis* (M 70) und der sofortigen Identifizierbarkeit mit diesem auszubrechen, spannen und schärfen ihren Blick für die in ihrem *Glauben, sie lebten im vollkommensten Land unter der Sonne* (M 74), für Instrumentalisierungen leicht zugänglichen Korinther.

In ihren Worten wird denn auch die Konstituierung des politischen Raums in Korinth am deutlichsten illustriert, insofern sie die diesen kennzeichnende Ausschließung mit einschließendem Charakter, welche alle Gesellschaftssphären betrifft, benennt. Diese ermöglicht, daß die in Herkunft, Können und Eigenarten von den Korinthern abweichenden Kolcher potentielle *homines sacri* oder Sündenböcke bleiben, um in einem unterschiedlich motivierbaren Ausnahmezustand schließlich von der einschließenden

---

anzunähern schien. – una zona [...], in cui il corpo politico del re sembrava avvicinarsi, fin quasi a confondersi con esso, al corpo uccidibile e insacrificabile dell'homo sacer.
[173] Cf. Agamben 115: *Ancora nelle costituzioni moderne, una traccia secolarizzata dell'insacrificabilità della vita del sovrano sopravvive nel principio secondo cui il capo dello stato non può essere sottoposto a un processo giudiziario ordinario.* – Noch in den modernen Verfassungen überlebt eine Spur der Nicht-Opferbarkeit des Lebens des Souveräns in jenem Prinzip, gemäß dem das Staatsoberhaupt nicht einem gewöhnlichen Strafprozess unterzogen werden kann.

Ausschließung in eine ausschließliche Ausgrenzung in Form von Vertreibung oder gar Vernichtung umzuschlagen.[174]

Leben mit der Raserei gegen andere? (M 171)
Doch spürt auch Medea mit ihrem den Bestrebungen Agamedas entgegengesetzten Hoffen diesen latenten Mechanismus auf, indem sie immer wieder an verschiedenen Stellen den Tod und dessen Bedeutung für Korinth tangiert. Die *Angst [der Menschen] vor dem [eigenen] Tod* (M 96) scheint ihr der Stadt festestes Fundament. In ihr gründet das Streben nach Wohlstand, welcher Selbstbewußtsein und zugleich Rechtfertigung eigener Überlegenheit vermittelt und dessen ausgeprägtes Schutzbedürfnis wirksamer Kanäle für Ängste sowie Unsicherheiten bedarf. Daher die Stadt für Medea *darauf angelegt ist, ihre helle, strahlende, verführerische Seite plötzlich umzukehren ins Düstere, Gefährliche, Tödliche* (M 179): Der Wohlstand von Korinth sowie die diesem zugrunde liegende Macht belauern sich gegenseitig, um einander gegebenenfalls durch das Vorschieben des für ihrer beider Erhaltung notwendigen dritten Elementes zu schützen. Dieses Dritte stellt im kultivierten Korinth offiziell das Tieropfer dar. Wie schnell aber die auf dieses hin gebündelte Gewalt aus der Institution ausbricht, illustriert jene Episode während des Artemis-Festes, derer Medea sich, während sie auf das Urteil des ihr Geschick beschließenden Rates wartet, erinnert.

Allein diese Erinnerungssituation im Wechselspiel mit dem Erinnerten verdeutlicht die Funktionsweise von Politik in Korinth: Steht der Öffentlichkeit, der Masse der korinthischen Bevölkerung, das Tieropfer zu, so bleibt es dem Palast vorbehalten über die einer Opferung gleichkommende Ausschließung eines Menschen aus der Gemeinschaft zu verfügen.

Dennoch bricht die seit den diversen Naturkatastrophen die Stadt zusammenhaltende Anspannung, in die gleich einem Funken die Nachricht von der Beraubung einiger *der reichsten Gräber* (M 184) fällt, in ihrer Entladung selbst diese Konvention, da nun auch die Menge nach Menschenopfern begehrt.

Medea aber, welche während der Opferprozession unter dem Einfluß wachsender Beklemmung die Menschen mit *zur stillen Duldung gebrachte[n] Opfer[n]* (M 178)

---

[174] Cf. Agamben 29, wo dieser den souveränen Anspruch im Sinne einer im Ausnahmezustand verfügten Einschließung alles dessen, was sich außerhalb der eigenen Macht befindet, beschreibt, wobei *[d]as, was in*

verglichen hatte, übernimmt nun inmitten der Eskalation die Lenkung der zu Mordlust erwachten 'Opfer': *Nehmt nur einen.* (M 185) Ihre Kenntnis der alten Opfersitten verhilft ihr hierbei zur Durchsetzung.

Aber noch in einer anderen Weise als in dieser Involvierung in Gewalt und deren Lenkung schillert Medea während des Artemis-Festes in einer auffallenden Ambivalenz, welche ihre eigene Frage – *Warum bin ich aus Kolchis geflohen.* (M 186) – auch für die Lesenden mit Dringlichkeit umkleidet. Denn hörte sie in den Angst- und Schmerzensschreien der Stiere bei der Opferung plötzlich ihrer *aller Not und Schmerz und [...] Anklage* (M 181) gleichsam widergespiegelt, so scheint sich hierin ein eigentümliches Vergessen oder vielmehr ein bemerkenswerter Bruch hinsichtlich der in Kolchis von ihr vorgenommenen Schlachtopfer zu manifestieren. Ein Bild ihrer Opferhandlung aber brannte sich in Iason ein – *Das grausamste und unwiderstehlichste Bild, das ich von ihr habe.* (M 58) – und blieb auch in des Lesenden Aufmerksamkeit haften. Ist es doch die in jener Szene das Messer schwingende Medea, welche in Jason das Begehren nach dieser Frau zum Zwang aufschäumte und somit seinen Anlaß bildete, Medea mit sich zu nehmen: *[O]hne diese Frau konnte ich nicht mehr weg. Ich mußte sie haben.* (ebd.)

Die Assoziationen Medeas aber während des Opfers von Korinth weisen auf eine Überholung der einst von ihr geprägten Bilder und eine Veränderung dieser Frau hin, der es jedoch nicht vergönnt ist, diese Veränderung auch zu leben. Schon nachdem die Korinther Medea durch die Stadt getrieben hatten, war ihr die Einsicht ins Wort gestiegen, *daß es für [ihre] Art, auf der Welt zu sein, kein Muster mehr gibt, oder daß noch keines entstanden ist* (M 161). Der während des Artemis-Festes erlebte Zwang, einzugreifen und somit vermittelnd und vermittelt an Gewalt teilzuhaben, bestätigt dies, wobei er zugleich verdeutlicht, warum Medea nicht selbst solch *Muster* mit ihrem eigenen Leben zu wirken vermag.

Die Achse ihrer Reflexionen aber formiert sich im Begreifen ihrer Motivation, aus Kolchis wegzuziehen und auf diese Weise *Verrat* (M 33) an ihrem Vater zu üben. Das Scheitern des Königswechsels und ihre in Ignoranz der alten Sitten bzw. in einem sektierenden Umgang mit der Vergangenheit ankernde Mitschuld nahmen ihr Willen und Möglichkeit, *in diesem*

---

keinem Falle eingeschlossen werden kann, in Form einer Ausnahme eingeschlossen wird: Ciò che non può essere in alcun caso incluso, viene incluso nella forma dell'eccezione.

verlorenen, verdorbenen Kolchis [zu] bleiben (M 95). Allein in dieser Aussage bündelt sich die Unbedingtheit Medeas, zu wissen.[175] Nun gilt es, ihre Einsicht in die Brüchigkeit von Konventionen auch in Korinth auf Grund der Neigung der jeweiligen Gegenwart, bei Bedarf die aufgegebenen, gewalttätigen Riten wiederzubeleben, und den Blick in die Vergeblichkeit ihrer Flucht zu ertragen. Hierin nun artikuliert sich zugespitzt ihre *ethische Differenz*,[176] indem sie trotz und mit dem Wissen um die Sinnlosigkeit ihrer Flucht, welche sie auch zwingt, *nach dem Preis zu fragen, den Lyssa, den die anderen Kolcher, den wir alle dafür gezahlt haben, daß ich in Kolchis nicht leben wollte* (M 29), darauf besteht, eine Haltung zu finden.

Dabei kommen ihr jedoch die äußeren Ereignisse in ihrer von Agameda und deren Beobachtung Medeas provozierten Beschleunigung zuvor. Unversehens befindet sich Medea im Zentrum eines Strudels äußerer 'Aufmerksamkeit', in dem ihr ihre Andersartigkeit zur Stütze wird ungeachtet der negativen Stigmatisierungen, die mit ihr von den Anderen verbunden werden: *Ich sagte mir, ich bin Medea, die Zauberin, wenn ihr es denn so wollt. Die Wilde, die Fremde. Ihr werdet mich nicht klein sehen.* (M 178/179)
Fremd- und Selbstbestimmung verflechten sich hier auf eine merkwürdige Weise, veranlaßt durch die Brüchigkeit des Selbstbildes auf korinthischer Seite und das Bemühen, nach außen wenigstens andere Werte zu verkörpern, wenn es schon nicht gelingt, sie wirklich zu setzen und auch zu leben, auf der Seite Medeas.
So ist die Vermutung verlockend, daß Medea zu jener wird, welche sich durch die Formungen von Euripides und Seneca uns einprägte, da sie nicht allein bzw. *vergessen* lebt,[177] sondern im Brennpunkt einer in ihren Wertsetzungen von ihr differierenden Gemeinschaft, die wiederum mit einer machtpolitischen Struktur verwachsen ist, innerhalb derer ihre Mitglieder *nach der Menge des Goldes, die [sie] besitz[en]* (M 35), sowohl geschätzt werden als auch einander schätzen.
Der von Ernüchterung ummantelte Gedankenkern, um welchen Medeas Reflexionen und Äußerungen gegenüber den Anderen kreisen, ihre *ethische Differenz* festigen sich im

---

[175] Cf. M 95: *Ich will es jetzt wissen.*
[176] Shafi 383.
[177] Cf. M 179: *Weißt du, was als einziges dir geholfen hätte? [...] Wenn du dich unsichtbar gemacht hättest [...]. Im Verborgenen leben, kein Wort sagen, keine Miene verziehen, dann dulden sie dich. Oder vergessen dich. [...] Aber das steht dir nicht frei.*

Beharren auf der Inakzeptabilität der Nötigung, *zwischen zwei Übeln [...,] zwei Verbrechen* (M 186) zu wählen.

Warum aber entzieht sie sich nicht, indem sie einem der beiden Angebote Arinnas oder ihres Geliebten folgt?[178] Auch Medea fragt sich, ob ihr Warten auf ein Urteil, *ob dieses Ende unvermeidlich war* (M 179). Diese Frage begegnet ihr in einer Situation, welche in ihren Einzelzügen des Wartens, der Bedeutungslosigkeit von Wörtern wie *leichter* und *schwerer* (ebd.), der durch Denken zu dämmenden Angst – *Ich muß meine Angst eindämmen. Ich darf nicht aufhören zu denken.* (M 173) – sowie dem Bekenntnis zur Gleichgültigkeit der Götter und *Gestirne* gegenüber den *menschlichen Geschicke[n]* (M 172) jener Kassandras sehr ähnlich ist. Jedoch vertieft Medea diese Frage nicht weiter. Nur, daß sie ihre *Vernichtung durch äußere Mächte [...] leichter ertragen [würde]* (M 179), gesteht sie sich ein, um jedoch sogleich aufgrund der nunmehrigen Überflüssigkeit derartiger Wunschäußerungen aus der hier aufklingenden Richtung zurückzukehren. Daher soll an dieser Stelle mittels einer näheren Betrachtung dieser *Mächte*, der Mechanismen des Zusammenlebens in Korinth sowie ihrer sprachlichen Manifestationen, versucht werden, der Entscheidung Medeas, sich dem Ritual der Sakrifizierung menschlichen Lebens bis zum Schluß freiwillig auszusetzen, kurz nachzudenken.

Der Beginn des Mythos im Erzählen-über

Die beiden Bewegungen, welche in Korinth die Mächtigen und ihre Untergebenen in ein und derselben Richtung zusammenfügen, sind schon angedeutet sowie für die Herrschenden mit ihrem Hintergrund beleuchtet worden. Ihre gemeinsame Wurzel, aus der sie sich gegenseitig nähren, ist die Angst vor Verlust – der Verfügungsmacht über andere einerseits sowie von psychisch wie physisch abschirmender Sicherheit andererseits.

Während sich die Fremden aus Kolchis für die korinthische Bevölkerung als eine Gruppe erweisen, gegen die zu jeder Zeit die allein zu diesem Zwecke betonte Differenz ausgelebt werden kann, gefährdet Medea mit ihrer Entdeckung und ihrem Verhalten dieser gegenüber das Herrschaft überhaupt erst fundierende Prinzip: Die Möglichkeit der Macht, auf jedes Leben einfach, insofern es Leben ist, zugreifen zu können, wird zugleich als Bedingung der Macht entlarvt. Die Ausführungen Agambens suggerierten für jenen in sich und aus sich selbst heraus rotierenden Mechanismus den Ausdruck Sakrifizierung. Diese wird mit der Kreierung eines Sündenbocks realisiert. Ein Menschenleben wird der

---

[178] Cf. auch Shafi 381/82, welche die Weigerung Medeas als eine Folge ihres *"blinden Fleckes"* bewertet und sie auf ihre *Selbstbezogenheit* (382) zurückführt.

Gewalt und dem Tod ausgesetzt. In diesem Sinne ist auch der Palast Kreons an einer Aufrechterhaltung der Differenzen interessiert. Akamas bezeichnet in diesem Kontext seine einst gegenüber Medea gelebte Vertraulichkeit als ein *Spiel[...]* (M 111), einen *Luxus* (M 112), wie sie allein der Selbstgewißheit einer sich unerschütterbar wähnenden Macht entwachsen konnten.

Ein weiteres tieferliegendes Fundament der Macht neben der Kanalisierung der für Lebens- und Wohlstandsängste anfälligen Korinther bildet die Manipulation dieser Wirklichkeit mittels Sprache. Akamas achtet sehr genau auf die jeweiligen Benennungen identischer Zusammenhänge,[179] bedient er sich doch selber als jener, der *unsichtbar* (M 111) die Fäden der Macht wirkt, ihrer als ein Mittel, die Korinther im Selbstempfinden ihrer Unschuld und Harmlosigkeit zu erhalten. So formuliert er auch das 'Material' ihres Zusammenhalts, welches sich bequem und zwangsläufig ergibt, da *keine Lüge zu plump ist, als daß die Leute sie nicht glauben würden, wenn sie ihrem geheimen Wunsch, sie zu glauben, entgegenkommt* (M 120). Die Schwester Iphinoes selbst, Glauke, wird den von Akamas dargelegten Herrschaftsgrund bestätigen, insofern sie, von Medea und den während ihrer beider Beisammensein freigelegten Erinnerungsschichten verunsichert,[180] sich nun, von Medea *im Stich gelassen* (M 139), in die Einsamkeit zurückgestoßen fühlt. So flüchtet sie sich unter Begünstigung durch Turon in das Ressentiment gegen Medea – *die Frau, deren Namen ich vermeide* (M 141) –, um schließlich in der Verneinung jener entscheidenden Frage Turons – *Möchtest du lieber glauben [...], daß du in einer Mördergrube lebst?* (M 145) – ihre Erinnerungen erneut wegtreiben zu lassen. Die Gebundenheit ihres Lebens an Korinth wirkt zu stark, als daß Glauke sich allein schon die Ungeheuerlichkeit der Fragestellung zugestehen könnte. In ihr begegnet somit ein Beispiel jener von Akamas auf der Lüge als Lebensgrund verorteten Korinther, welches jedoch zugleich die Zwanghaftigkeit jenes *geheimen Wunsches*, sich der Lüge zu überlassen, offenlegt.

Medea aber war es unter den Bedrängnissen einer Hungersnot gelungen, die empfindliche Hülle der Zivilisation, unter der die Korinther sich sicher glaubten, zu lüften, indem sie die

---

[179] Cf. M 117 zu Medea und Iphinoe: *sie sagte Mord*; M 118 zu den Verhandlungen Kreons mit den Hethitern, *mit denen er Verträge aushandelte, die nur Böswillige Unterwerfung nennen konnten.*
[180] Cf. M 135.

Bewohner Korinths zu überzeugen vermochte, Unkraut und heilige Tiere zu essen.[181] Die nachträglich-nachtragende Abwehrreaktion des Entsetzens hält seitdem die Korinther in beständiger Verleumdungsbereitschaft, da sie Risse in ihrem Selbstbild, Ambivalenzen und Widersprüche in ihrem eigenen Verhalten zu tragen nicht gewohnt sind. Aus dieser Furcht vor eigenen Fragwürdigkeiten nährt sich ihr *geheimer Wunsch*, den sie sich bei Medea gleichsam selbst erfüllen, indem sie diese seit der Hungersnot als *böse Frau* (M 45) und Zauberin betrachten.

Diese Deutung aber entspricht auch jener ihrer Legenden, an deren Wuchern Jason, welcher als Protagonist der Eroberung des Vlieses immer wieder zum Erzählen aufgefordert wurde, teilhatte, da er die Geschichte *jedes Mal [...] ein wenig verändert [erzählte], so wie die Zuhörer es von mir erwarteten, damit sie sich ordentlich fürchten und am Ende ordentlich erleichtert sein konnten* (M 51/52). Während der Erzählgegenwart der *Stimmen* sind aber diese Geschichten schon von den Personen, die sie erlebten, losgelöst, und Jason selbst bewegt sich nun in einer seltsamen Unwirklichkeit oder vielmehr Zwiewirklichkeit, hört er ihren Liedern *von Jason dem Drachentöter* (M 52) zu, während die ihn Besingenden kaum um seine körperliche Gegenwart wissen. Die in dieser erinnerten Episode Jasons aufscheinende Veränderlichkeit gelebter Wirklichkeiten, indem sie erzählt werden und zu Bildern gerinnen, deren Farben und Profile durch die jeweilige Situation mit den in ihr versammelten Zuhörenden und ihren Erwartungen, Bedürfnissen wesentlich bestimmt werden, wird Medea in ihrer knappen, einprägsamen Art bündeln: *Sie haben aus jedem von uns den gemacht, den sie brauchen. Aus dir den Heroen, und aus mir die böse Frau.* (ebd.)

In diesem Vorgang der Geschichtenbildung spiegelt sich in kleineren Dimensionen die Bereitwilligkeit der Korinther, die Vorenthaltung von Wirklichkeit zu akzeptieren, wenn sie nur *ihrem geheimen Wunsch, sie zu glauben, entgegenkommt* (M 121). Hier wie da begegnet dieser stark das Erzählen beeinflußende Vorschein der Anderen und ihrer Erwartungen. Akamas aber nahm diese Einsicht aus den Ereignissen um Iphinoe mit und wahrt sie, um in ihrer Aktivierung schließlich über eine entscheidende, da sein Wirken nach außen für ihn kontrollier- und manipulierbar machende Stütze für seine Machtausübung zu verfügen. Ihm als dem Machthalter des Königs gelingt es somit, die Bedürfnishaltung der Korinther zu nutzen, hingegen Medea wie Jason vom

---

[181] Cf. Jason M 44.

entgegengesetzten Ufer ihres Ausgeliefertseins an die 'öffentliche Meinung' sich von dieser getrieben – *auseinandergetrieben* (M 52) – sehen.

Es scheint, daß Akamas sowie Medea und Jason an verschiedenen Enden ein und desselben Stranges, jenem der Mythenbildung, sich bewegen. Die verschiedenen *Stimmen* der am von Euripides festgeschriebenen Mythengeschehen Beteiligten führen dieses als ein Ineinander individueller wie kollektiver Erinnerung vor, indem sie das Geschriebene gleichsam von innen her ausleuchtend 'aufdröseln'. So werden *[e]inzelne Elemente des Mythos [...] als individuell und absichtlich konstruierte Erfindungen [...] und als willentlich kontrollierbare Mittel in persönlichen oder politischen Auseinandersetzungen dargestellt.*[182] Jedoch existiert die Trennung von politisch und persönlich nicht länger. Die exponierte Stellung von Jason und Medea verschmilzt diese beiden Dimensionen. Schließlich rundet das Gerücht von der Ermordung des Absyrtos durch seine Schwester Medea nur das durch die Ereignisse der Hungersnot schon in der Öffentlichkeit vorgeformte Bild von ihr, und der persönliche in Neid und zurückgewiesenem Anlehnungswunsch genährte Haß Agamedas schlägt sich nun öffentlichkeitswirksam in ihrer Denunziation Medeas nieder.

Das Fundament der *Erfindungen* jedoch wird in der Neigung oder gar dem Angewiesensein der Menschen auf die Delegierung ihrer Hoffnungen, Abenteuersehnsüchte und auch Ängste einerseits an die Menschen in Legenden, Geschichten, Liedern und andererseits ihrer Wut, Furcht und Unsicherheiten an die Menschen in ihrer unmittelbaren Umgegend, welche ihnen, insofern fremd, nicht ganz geheuer scheinen, herausgearbeitet. Wird der erste Aspekt lediglich im Umgang der Korinther mit Jason angedeutet, so wirkt der zweite handlungs- und seinerseits wieder geschichtentreibend, da die in seinem Horizont begangenen Taten, die *Raserei gegen andere* (M 171), der Rechtfertigung und nachträglicher Motivierung bedürfen. In diesem Sinne wird auch Medea allmählich ihrer Normalität des Arbeitens und Lebens mit den Anderen beraubt: Zweideutigkeit und Widersprüchlichkeit im eigenen Verhalten vermögen die Korinther nicht zu akzeptieren, daher sie ihre von innen lauernde Fragwürdigkeit nach außen kehren und dem Einfluß der Zauberin Medea zusprechen. Die *böse Frau* lebt schon vor dem Gerücht des Brudermordes, und die in der Stadt nach dem Erdbeben wütende Pest stellt nur ein weiteres Indiz für ihre Existenz dar.

---

[182] Roser 91.

Die sich zunächst in der Sprache, im Medea zugegebenen Beiwort, manifestierende Ausgrenzung begünstigt schließlich die vom Palast ausgehende, durch Gerüchte zusätzlich forcierte Ausstoßung Medeas, welche schließlich in ihrer Verurteilung kulminieren wird.

Hier aber, in der befohlenen Verbannung aus der Stadt, steht Medea unter dem Bann jener Macht, welche auch über das Leben und Sterben Iphinoes, die bereits als eine *femina sacra* gedeutet wurde, verfügte. Tatsächlich stellt die Verbannung, das in ihr sich aussprechende *ius puniendi* eine zweite Spielart jener über das Leben eines Menschen als bloßes Leben entscheidenden Macht dar. Letztlich aber übernimmt das Erzählen von Medeas Geschichte selbst die Funktion einer solchen Macht. Diese realisiert sich in der Erfindung der Kindsmörderin Medea, nachdem die Korinther die Kinder Medeas ermordet haben und auf diese Weise zum zweiten Mal **ihren** Anspruch auf *homines sacri*, deren Ermordung nicht bestraft wird, einforderten. In dieser sich durch die Zeiten hinweg behauptenden Version gipfelt schließlich jene von Jason selbst empfundene Tendenz zur 'Entwirklichung' des Wirklichen bei gleichzeitigem Ersatz durch ein zweites und, insofern wunschlebendiges, ebenfalls wirkliches Geschehen. Das Verhältnis von Wirklichkeit und den ihr immanenten Möglichkeiten hat sich in der Erzählung zugunsten des Letzteren umgekehrt. Der Mythos aber wie Literatur überhaupt wurzelt in dieser Umkehrung.

Inwiefern die Wahl einer jener Möglichkeiten jedoch durch die unmittelbar als wirksam empfundenen Umstände beeinflußt, gar begünstigt und kanalisiert wird, gelang Christa Wolf mittels ihrer Stimmensammlung zu Medea zu zeigen.

Die Autorin selbst nutzt denn auch eine ältere Variante des Medea-Mythos, um ihrer vordergründigen Intention zu entsprechen und den durch die mit Euripides inaugurierte Tradition um die Frau gewirkten Panzer aufzubrechen. Spiegelt das Romangeschehen jene Wirklichkeit und Mythos von innen her gestaltenden, grundsätzlich schöpferischen Mechanismen in ihrer Korruptibilität, so bedient sich Christa Wolf derselben Technik, die Fiktion in Wirklichkeit 'auflöst' und Möglichkeiten aktiviert, um dies herauszuarbeiten. Medea, *die aus dem aktuellen, für [Christa Wolf] sehr aufwühlenden, von widerstreitenden, entgegengesetzten Gefühlen und Überlegungen besetzten Zusammenhang wie von selbst hervortrat* (HA 165), eröffnete der Autorin den Zugang zu der Einsicht in die Abhängigkeit der Wirklichkeit und ihres Erlebens von Geschichten, die über sie erzählt werden. Das dies nicht erst nachträglich geschehen muß, sondern wir uns immer schon in einem Ineinander von Erzähltem und Erzählen bewegen, begründet zum Beispiel das dauerhafte Angewiesensein auf *Sündenböcke* (HA 165). Medea wird in ebendieser Abhängigkeit vom Erzähltwerden geortet. Hierin gründet auch die schon im Titel anklingende zentrierte Position Medeas innerhalb der Stimmenmonologe, von deren Grunde beständig der von Medea hinterlassene Eindruck emporschimmert, und dessen Ausstrahlungen in bestimmten Gesten sowie Sentenzen Medeas beleuchtet oder auch nur wiedergegeben werden, wie dies einerseits von InterpretInnen belächelt,[183] andererseits vor dem Hintergrund der Diskontinuitäten innerhalb des gesamten Erzählgefüges im Sinne einer Fixierung von *Unbestimmtheit und Beweglichkeit des Textes*[184] bewertet wird.

Indem Medea auf diese Weise im 'Stimmen-Spiegel-Kabinett'[185] von den verschiedensten Personen mit ihrem jeweiligen Interessenhorizont wahrgenommen wird, leben die Verschiebungen und deren Ursachen auf. Somit vermag der Roman nicht allein als *Relektüre eines der abendländischen Kultur zugrundeliegenden Gründungstextes [...], deren Zweck es ist, diesen als ideologisches Konstrukt zu entlarven*[186] gelesen werden, sondern die Nähe des Mythos aufgrund der in ihm immanenten Entstehungsmechanismen sowie der Parteilichkeit seiner Schilderungen zur Wirklichkeit selber wird hier aufgeworfen.

Auch das im ersten Kapitel dieser Arbeit erläuterte, für den Mythos paradigmatisch wirkende Verhältnis von Mündlichkeit und Schriftlichkeit sowie der sprachgeleitete Umgang mit Gegenwart und Vergangenheit scheint hier als tertium comparationis zwischen Mythos und Wirklichkeit auf. Die Weise, wie letztere durch Sprache erschlossen wird und die individuellen Eindrücke sowie Erinnerungen sich in der Mitteilung zu wandeln vermögen, bis sie schließlich in dieser Wandlung selbst entsprechend den Bedürfnissen der Situation erstarren und zum Paradigma gerinnen, problematisierte Christa Wolf schon in ihren *Voraussetzungen zu einer Erzählung* sowie in ihrem Essay *Lesen und Schreiben* in dem Ausdruck Erinnerungsmedaillons.[187]

---

[183] Cf. Shafi 379: *Da [...] alle SprecherInnen nur über ihren Haß oder ihre Zuneigung zu Medea berichten, hören wir [...] in dem Konzert der Stimmen im Grunde genommen immer nur die Stimme der Primadonna: Medea.*
[184] Roser 106.
[185] Cf. hierzu C.W. selber in VzT 53: *Ich brauchte ein Ensemble, [...], das Medea ergänzt, in Frage stellt, das geeignet ist, möglichst viele ihrer Seiten und Eigenschaften zum Klingen zu bringen.*
[186] Roser 93.
[187] Cf. ebd. unter der Überschrift *Medaillons* in DA 478ff..

In Medea nun arbeitet sie die Nähe zwischen Literatur und Politik in ihrer beider Umgang mit dem Verhältnis Wirklichkeit – Sprache heraus, indem beide in Deutungen aufgehen und sich der magischen Formel *Vergessen und Verklärung*[188] bedienen. Werden die durch die Streuung des Brudermord-Gerüchts forcierten Vorgänge in Korinth schon durch ihren, von Euripides her bekannten Ausgang negativ beleuchtet, so begünstigen die sich um Jason und Medea entspinnenden Geschichten und Lieder das schließlich ausgenutzte öffentliche Bild Medeas als *böse Frau*. Und wieder sucht Christa Wolf dem mittels eines anderen, Stereotypen auflösenden Schreibens zu begegnen, die Starrheit einer einzigen Perspektive zu erschüttern. Jede der um Medea agierenden Figuren besitzt ihr Stimmrecht, so daß *Medea von verschiedenen Seiten gesehen werden kann, in ihrer Widersprüchlichkeit. So kann ich es vermeiden, sie als ungebrochene Heroine darzustellen.* (VzT 52)

Die oben formulierte Frage jedoch nach den Gründen Medeas für die Ablehnung des zweimal an sie ergehenden Angebots, zu fliehen und sich statt dessen der Machtausübung mit ihrem Leben zur Verfügung zu stellen, stößt eine Antwort gerade in Richtung der Möglichkeit, Medea als eine *Heroine* zu deuten. Klingt hier eine Reminiszenz an Euripides und das mit ihm allgemein bekannte Mythologem der außerhalb der Stadt weiterlebenden Medea durch? Tut sich hier der *"blinde Fleck"* Medeas auf, insofern diesmal sie sich als Opfer darbietet und somit die von ihr selbst formulierte Sieger-Opfer-Dichotomie durch ihr eigenes Beispiel zusätzlich illustriert?[189]
Mag auch das Verhalten Medeas zustimmende Antworten suggerieren, so gewährt doch gerade ihr Verweilen in der verleumdungsgewirkten Aussetzung einen letzten Einblick in die Funktionsmechanismen politischer Gewalt. Die Verbannung, welche *oft genug dem Todesurteil gleichkommt* (M 198), sowie die diese stützende, motivierende Anklage Agamedas enthüllen Medea endgültig als *femina sacra*.

Ihr Leben als solches steht zur Disposition nicht allein während des Urteils, sondern schon in der Anklage selbst. Diese entzieht Medea gleichsam bei lebendigem Leibe ihr

---

[188] Ebd. 91.
[189] Cf. auch Shafi 382, die unter Berufung auf andere konstatiert, daß Medea *dieser binären Logik insofern verhaftet [bleibt], als sie im Gegensatz zu Kassandra nicht in der Lage ist, eine andere gemeinschaftsorientierte utopische Position zu entwickeln.* Die Interpretation der Erzählung *Kassandra* jedoch, wie sie im zweiten Kapitel dieser Arbeit entfaltet wurde, zeigte, daß auch Kassandra trotz ihrer

Leben, indem sie *ein Bild vom Leben und Treiben Medeas in Korinth ent[wirft], sehr ähnlich der Medea, die wir kennen, nur daß sie jede ihrer Handlungen und Unterlassungen so umdeutete, daß am Ende eine Person vor uns entstand, die seit langem planmäßig den Untergang des Königshauses von Korinth betrieb* (M 198). Das Medea in einzelnen ihrer Charakterzüge wiedergebende *Bild* und zugleich mit dieser Analogie spielende, sich ihrer als Beweis für seine Aufrichtigkeit bedienende Verzerren von Wirklichkeit im Erzählen-über begegnet hier ein vorletztes Mal in gesteigerter Form. Medea wird im Sinne einer bislang zu Unrecht in die Palast-Gemeinschaft eingeschlossenen Ausnahme, insofern sie Kolcherin und Heilerin ist, repräsentiert. Nunmehr gilt es ihren endgültigen Ausschluß zu erwirken. In diesem aber konstituiert sich die Macht des Königs, insofern er Souverän ist. Es ist denn auch Kreon, welcher im Hinblick auf seine eigene kranke Tochter Glauke das Bleiben der Kinder verfügt und somit Medea des Letzten, was sie noch ihres früheren Lebens versichern könnte, beraubt. Die Ermordung der Kinder erscheint vor diesem Hintergrund als eine äußerste Konsequenz der in jener Relation *souveräne Macht – bloßes Leben* sich konstituierenden und erhaltenden Politik. Auch hier, innerhalb des Volkes, ist die dieser eigene *vitae necisque potestas* lebendig: *homo sacer ist derjenige, dem gegenüber alle Menschen als Souveräne handeln.*[190]

Nachdem Medea durch Arinna von dem Geschick ihrer im Werden und Wachsen geglaubten Kinder erfahren hat, drückt sich ihr endgültig in ihrer der Hoffnungen, des Schmerzes beraubten *Leere* (M 217) der Stempel ihrer Außenwelt auf: Die Verfluchung der in Korinth Lebenden gleicht einem schwachen Echo der Medea anerzählten Taten, in denen sich schon der Mythos in seinen bekannten Zügen abzeichnete. Die von den Korinthern für ihre Opfer inszenierte Sühne verleiht in signifikanter Umkehrung des Verhältnisses der Erzählung von der Kindsmörderin Stütze und Fundament und verbürgt deren Wirklichkeitsgehalt.

Abspann

Gleich Kassandra ist Medea den Nachreden ausgesetzt und scheint mit ihrem Leben die *Lehre* herauszufordern, *daß bestimmten Abläufen nichts entgegenzusetzen ist, solange*

---

empfundenen Affinität zur Gemeinschaft am Skamandros sich dieser nicht freien Schrittes näherte und in die *Gegenwelt* mehr hineingetragen wird denn diese *zu entwickeln*.
[190] Cf. auch Agamben 94: *[...] homo sacer è colui rispetto al quale tutti gli uomini agiscono come sovrani.*

man in sie involviert ist.[191] Beide Frauen lokalisierte Christa Wolf auf einer *Zeitengrenze* (VzT 50), die sie mit dem Übergang von einer matriarchalen zu einer patriarchalen Gesellschaft gleichsetzte. Dieser Wechsel in Machtstrukturen und Prioritäten manifestiert sich beide Male in einer Kanalisierung von Widersprüchen, Unsicherheiten, möglichen Widerständen gegen die Herrschenden nach außen. Wird in Troia der Zusammenhalt künstlich aufrechterhalten durch eine Fokussierung auf den äußeren Feind, wobei damit einhergehende Veränderungen des Zusammenlebens in der Stadt auf Grund staatlich veranlaßter Kontrollen und einer Verrrohung der Sitten, wie sie beispielsweise gegenüber den Frauen aufbricht, zugleich motiviert werden, so zeichnet sich ein ähnlicher Prozeß in Korinth ab. In Ermangelung des äußeren Feindes konzentriert sich hier die Rechtfertigung der Herrschenden und ihrer Maßnahmen vor sich selbst unter der Ausnutzung ähnlich gerichteter Bedürfnisse innerhalb der Bevölkerung auf Einzelne und besonders auf Medea als exponierte Vertreterin der Kolcher.

Jene bieten andererseits in ihrer kleinen Stadt in der Stadt, in ihrem *Klein-Kolchis [...], das sie gegen jede Veränderung ab[ge]dichte[t haben]* (M 70), eine leicht zugängliche Verdächtigungs- und Angriffsfläche. Diese nutzen denn auch die *Soldaten des Königs* sofort nach der Verstümmelung des Turon, indem sie fast alle ihrer Bewohner in einer *Strafaktion* (M 190) töten.

In *Medea. Stimmen* stärker denn in der primär um das *Zu-sich-selber-Kommen* (DA 18) kreisenden Erzählung *Kassandra* impliziert das Geschehen eine *Studie über die Macht und ihre Wirkungsweisen* (VzT 72). Letztere sowie deren Wurzeln liegen in den einzelnen Stimmen gleichsam seziert vor.

Ziel dieser Ausführungen bildete denn auch zu zeigen, inwiefern Christa Wolf den Mythos gar nicht einseitig negativ *im Sinne falschen Bewußtseins* (VeE 134; 104) zu erfassen sowie zu gestalten vermochte, insofern sie in ihren Varianten immer die *doppelte, zugleich historische und ahistorische Struktur*[192] aufscheinen läßt. Entmythologisierung und Remythologisierung, wie sie sich insbesondere in einer Wiederbelebung mündlichen Erzählens resp. in ihrem Bemühen um eine Rückbindung des jeweiligen Berichtens an Einzelne widerspiegelt, sind miteinander verflochten.

---

[191] Growe 155.
[192] Leví-Strauss 230: *Strukturale Anthropologie*. Frankfurt/M.: Suhrkamp, 1967, zit. n. Roser 21; Herv.i.O..

Erstere aber geriert sich jedes Mal in einer Umstülpung der jeweiligen Frauengestalt des Mythos: Die von Mythos her bekannten Züge werden in ihrer Abhängigkeit vom Verhältnis der Frauen Kassandra und Medea zu ihrer jeweiligen Umwelt aufgedeckt. Vor diesem Horizont erstreckt sich auch die Problematisierung unseres sprachgeleiteten und -geführten Umgangs mit der Welt, der Anfälligkeit des Erinnerten für äußere, den wandelnden Gegenwarten entwachsende Einflüsse, welche jedoch schon einen in den früheren Romanen und Erzählungen beschrittenen Weg der Autorin weiterführen. Die Schwierigkeit, wirklich zu leben, strahlt intensiv aus Roman und Erzählung, insofern die Wirklichkeit in beiden manipulierbar und als solche die in ihr Lebenden formend gezeigt wird.

Im Unterschied zu Kassandra aber ist Medea schon zu sich selber gekommen. Nicht die Emanzipation aus verinnerlichter Loyalität und in dieser implizierter Abhängigkeit werden thematisiert, sondern jener den Menschen zur Verfügung stehende Raum, den Medea zwischen Siegern und Opfern spannt.

Die Ausführungen des letzten Kapitels bemühten sich zu zeigen, inwiefern die Stimmen bzw. das von ihnen referierte Geschehen selbst die Verwurzelung dieser Struktur in einem bestimmten Verhältnis – jenem zwischen Macht besitzenden und ausübenden Souverän, der jedoch niemals ein Einzelner ist, und dessen Äquivalent im Leben des Einzelnen, *homo sacer/femina sacra* – wiedergeben.

Medea gibt an uns die Frage nach einer für sie begehbaren Welt und Zeit weiter und nimmt die Antwortlosigkeit schon vorweg, scheint doch die Vorstellung einer Politik, welche nicht länger mittels Verfügungen in Sprache und Tat das Leben der Menschen besetzt hält, sondern dieses vielmehr in seinen Potentialitäten freisetzt, außerhalb unseres jahrhundertelang verinnerlichten und eingeschliffenen Möglichkeitshorizontes zu liegen.

Allein, indem Christa Wolf diesen zu orten sowie die Gründe für den gegen Medea wirkenden, in ihrer Vertreibung aus der Stadt gipfelnden Ausschluß, als dessen Träger durch die Zeiten der Mythos in Form der Tragödie des Euripides fungierte, auszuloten suchte, erscheint ihr Roman gleichsam als eine Illustrierung der Gedanken Giorgio Agambens und deren Dringlichkeit. In der Berechtigung eines Menschen oder auch einer Menschengruppe gegenüber einem oder mehreren Anderen, sie aus der Gemeinschaft zu verstoßen, manifestiert sich für ihn eine der ersten Äußerungen jener Macht, die sich im

Zugriff auf das bloße Leben konstituiert und in diesem erhält[193]: *Es ist diese Struktur der Verbannung, die in den politischen Verhältnissen und öffentlichen Räumen, in welchen wir immer noch leben, wiederzuerkennen wir lernen müssen.*[194] Ein Stoß aber in diese Richtung schlägt uns entgegen aus diesen Stimmen um Medea und ihrer eigenen, in denen *unsere Zeit uns trifft* (M 10).

---

[193] Cf. Agamben 123: *Il bando è propriamente la forza, insieme attrattiva e repulsiva, che lega i due poli dell'eccezione sovrana: la nuda vita e il potere, l'homo sacer e il sovrano. Solo per questo esso può significare tanto l'insegna della sovranità [...] che l'espulsione dalla communità.* – Die Verbannung ist die eigentliche Kraft, die, zugleich anziehend und abstoßend, die beiden Pole der souveränen Ausnahme verbindet: das bloße Leben und die Macht, homo sacer und Souverän. Nur deswegen kann sie sowohl das Zeichen (Signum) der Souveränität [...] als auch das der Vertreibung aus der Gemeinschaft darstellen.

[194] Ebd.: *È questa struttura di bando che dobbiamo imparare a riconoscere nelle relazioni politiche e negli spazi pubblici in cui ancora viviamo.*

Literaturverzeichnis

Auflösung der Siglen für Christa Wolf

VeE/ K - Kassandra. Vier Vorlesungen. Eine Erzählung. Berlin, Weimar: Aufbau, 1986.
Die zweite Seitenangabe innerhalb der Klammern gilt jeweils für:
 - Voraussetzungen einer Erzählung: Kassandra. Frankfurter Poetik-Vorlesungen. Darmstadt/ Neuwied: Luchterhand, 1983. (Sammlung Luchterhand 456)
 - Kassandra. Erzählung. Darmstadt/ Neuwied: Luchterhand, 1983.
M - Medea. Stimmen. München: dtv, 1998.
DA - Die Dimension des Autors. Essays und Aufsätze, Reden und Gespräche 1959-1985. Darmstadt/Neuwied: Luchterhand, 1987.
Tabou - Auf dem Weg nach Tabou. Texte 1990-1994. München: dtv, 1996.
HA - Hierzulande Andernorts. Erzählungen und andere Texte 1994-1998. München: Luchterhand, 1999.
VzT - Christa Wolfs Medea. Voraussetzungen zu einem Text. Mythos und Bild. Hrg. v. Marianne Hochgeschurz. Berlin: Gerhard Wolf Janus press, 1998.
KM - Kindheitsmuster. Berlin, Weimar: Aufbau, 1990.
KON - Kein Ort. Nirgends. Darmstadt/ Neuwied: Luchterhand, 1980.
N - Nachdenken über Christa T. München: dtv, 1996.

Sekundärliteratur zu Christa Wolf *Kassandra* und *Medea. Stimmen*:

Anz, Thomas (Hrsg.): "Es geht nicht um Christa Wolf." Der Literaturstreit im vereinten Deutschland. Frankfurt/ M.: Fischer Taschenbuch Verlag, 1995.

Ders. (Rez.): Medea – Opfer einer Rufmords. Christa Wolfs Weiterarbeit am Mythos. –In: SZ am Wochenende, Süddeutsche Zeitung, 2./3.03.1996.

Atwood, Margaret: Zu Christa Wolfs Medea. In: Christa Wolfs Medea. Voraussetzungen zu einem Text. Mythos und Bild. Hrg. v. Marianne Hochgeschurz. Berlin: Janus press, 1998, S. 69-74.

Balzer, Jens (Rez.): Tobt nicht, rast nicht, flucht nicht. Die Königin ist nicht Täterin, sondern reines Opfer: Christa Wolf gibt "Medea Stimmen". –In: Die Zeit, 23.2. 1996.

Brunn, Anke: ",... daß die Menschen ohne Angst verschieden sein können!" Gespräch mit Helga Kirchner und Lothar Vent über ihre Lektüre von Christa Wolfs Medea. Stimmen. –In: VzT, S. 104-110.

Calabrese, Rita: Von der Stimmlosigkeit zum Wort. Medeas lange Reise aus der Antike in die deutsche Kultur. –In: VzT, S. 75-93.

Chiarloni, Anna: Christa Wolf. Torino: Tirrenia Stampatori, 1988.

Dies.: Medea und ihre Interpreten. Zum letzten Roman von Christa Wolf. –In: VzT, S. 111-119.

Engelhardt, Michael v./ Rohrwasser, Michael: Kassandra – Odysseus – Prometheus. Modelle der Mythosrezeption in der DDR-Literatur. –In: L'80, H. 34 (Juni 1985), S. 46-76.

Epple, Thomas: Der Aufstieg der Untergangsseherin Kassandra. Zum Wandel in ihrer Interpretation vom 18. Jahrhundert bis zur Gegenwart. Würzburg: Königshausen u. Neumann, 1993 (= Würzburger Beiträge zur deutschen Philologie, Bd. 9).

Firsching, Annette: Kontinuität und Wandel im Werk von Christa Wolf. Würzburg: Königshausen u. Neumann, 1996 (= Würzburger Beiträge zur deutschen Philologie, Bd. 16).

Fuhrmann, Manfred (Rez.): Honecker heißt jetzt Aietes. Aber Medea wird verteufelt human: Christa Wolf schreibt den Mythos neu. –In: Frankfurter Allgemeine Zeitung, 2.3. 1996.

Ders.: Mythos und Herrschaft in Christa Wolfs Kassandra. –In: Der altsprachliche Unterricht 94, n. 2, 1994, S. 11-24.

Gerdzen, Rainer; Wöhler, Klaus: Matriarchat und Patriarchat in Christa Wolfs "Kassandra". Würzburg: Königshausen und Neumann, 1991.

Gidion, Heidi: Wer spricht? Beobachtungen zum Zitieren und zum Sprechen mit der eigenen Stimme an Christa Wolfs Günderrode- und Kassandra-Projekt. –In: Arnold, Heinz Ludwig (Hrsg.): Christa Wolf. 3., erw. Auflage, 1985 (=Text +Kritik), S. 93-101.

Glau, Katherina: Christa Wolfs „Kassandra" und Aischylos' „Orestie". Zur Rezeption der griechischen Tragödie in der Literatur der Gegenwart. Heidelberg: Winter, 1996 (= Beiträge zur neueren Literaturgeschichte; Folge 3, Bd. 147).

Growe, Ulrike: Erfinden und Erinnern: typologische Untersuchungen zu Christa Wolfs Romanen "Kindheitsmuster", "Kein Ort Nirgends" und "Kassandra". Würzburg: Königshausen und Neumann, 1988 (=Epistemata: Würzburger Wissenschaftliche Beiträge; Reihe Literaturwissenschaft; Bd. 34).

Gutjahr, Ortrud: "Erinnerte Zukunft". Gedächtnisrekonstruktion und Subjektkonstitution im Werk Christa Wolfs. –In: Mauser, Wolfram (Hrsg.): Erinnerte Zukunft: 11 Studien zum Werk Christa Wolfs. Würzburg: Königshausen u. Neumann, 1985, S. 53-80.

Hilzinger, Sonja: Weibliches Schreiben als eine Ästhetik des Widerstands. Über Christa Wolfs ‚Kassandra"-Projekt. –In: Drescher, Angela (Hrsg.): Christa Wolf. Ein Arbeitsbuch. Studien, Dokumente, Bibliographie. Frankfurt a.M.: Luchterhand, 1990, S. 216-232.

Jahraus, Oliver: Christa Wolf als Kassandra? Der Text als Modell einer schriftstellerischen Selbstverständigung [i. Inhaltsverzeichnis: Selbstverteidigung [!]]. –In: Literatur in Wissenschaft und Unterricht, 29, n. 1, 1996, S. 3-16.

Jankowsky, Karen H.: Unsinn/anderer Sinn/neuer Sinn. Zur Bewegung im Denken von Christa Wolfs „Kassandra" über den Krieg und die 'Heldengesellschaft'. Berlin u. Hamburg: Argument, 1989 (= Edition Philosophie und Sozialwissenschaft, Bd. 15).

Klingmann, Ulrich: Entmythologisierter Mythos: Die Problematik des Wissens in Christa Wolfs „Kassandra". –In: Zeitschrift für Germanistik. Neue Folge 1/1991, S. 270-279.

Köhn, Lothar: Erinnerung und Erfahrung. Christa Wolfs Begründung der Literatur. –In: Arnold, Heinz Ludwig (Hrsg.): Christa Wolf. 3. erw. Auflage, 1985 (=Text + Kritik 46), S. 38-50.

Krätzer, Jürgen: Das Kassandra-Syndrom. Medea Stimmen und Gegenstimmen: Christa Wolfs "Medea" im Spiegel der Literaturkritik. –In: die horen 42, n. 186, 1997, S. 48-61.

Krogmann, Werner: Voraussetzungen des Erzählens: Ingeborg Bachmann und "Kassandra". –In: Ders.: Christa Wolf: Konturen. Frankf./M.; Bern; New York; Paris: Lang, 1989.

Kuhn, Anna K.: Christa Wolfs *Kassandra*: Kanon, Umdeutung, Utopie. –In: Literatur & Bildende Kunst: Lyrikdiskussion; Schillerpreis für Christa Wolf. Hg. v. P.G. Klussmann, H. Mohr. Bonn: Bouvier, 1985 (=Jahrbuch zur Literatur in der DDR; Bd. 4, 1984), S. 135-163.

Legg, Suzanne: Zwischen Echos leben: Christa Wolfs Prosa im Licht weiblicher Ästhetikdebatten. Essen: Verlag Die Blaue Eule, 1998 (=Literatur: Männlichkeit, Weiblichkeit; Bd. 5).

Löffler, Sigrid (Rez.): Medea des Ostens. In ihrem neuen Roman "Medea Stimmen" adaptiert Christa Wolf erneut einen antiken Mythos – mit durchsichtigen Mitteln und in eigener Sache. –In: Falter 9/1996, S. 59.

Loster-Schneider, Gudrun:„Den Mythos lesen lernen ist ein Abenteuer": Christa Wolfs Erzählung 'Kassandra' im Spannungsverhältnis von Feminismus und Mythenkritik. –In: Literaturgeschichte als Profession: Festschrift für Dietrich Jons. Hg. v. Hartmut Laufhütte unter Mitw. v. Jürgen Landwehr. Tübingen: Narr, 1993 (=Mannheimer Beiträge zur Sprach- und Literaturwissenschaft, Bd. 24), S. 385-404.

Lutjeharms, Madeline: "Doch schreiben wir weiter in den Formen, an die wir gewöhnt sind." Überlegungen zum "weiblichen Schreiben" aus sprachwissenschaftlicher Sicht am Beispiel der "Kassandra" von Christa Wolf. –In: Vanhellepute, Michel (Hrsg.): Christa Wolf in feministischer Sicht: Referate eines am 7. und 8. Dezember 1989 an der "Vrije Universiteit Brussel" veranstalteten Kolloquiums. Frankf./M. u.a.: Lang, 1992 (= Europäische Hochschulschriften: Reihe 1, Deutsche Sprache und Lit.; Bd. 1301), S. 115-125.

Maisch, Christine: Ein schmaler Streifen Zukunft. Christa Wolfs Erzählung "Kassandra". Würzburg: Königshausen und Neumann, 1986.

Marx, Jutta: Die Perspektive des Verlierers – ein utopischer Entwurf. –In: Mauser, Wolfram (Hrsg.): Erinnerte Zukunft. 11 Studien zum Werk Christa Wolfs. Würzburg: Königshausen u. Neumann, 1985, S. 161-180.

Mauser, Helmtrud: Zwischen Träumen und Wurfsperren. *Kassandra* und die Suche nach einem neuen Selbstbild. –In: Mauser, Wolfram (Hrsg.): Erinnerte Zukunft: 11 Studien zum Werk Christa Wolfs. Würzburg: Königshausen und Neumann, 1985, S. 291-315.

Mayer, Friederike: Potenzierte Fremdheit: Medea – die wilde Frau. Betrachtungen zu Christa Wolfs Roman Medea. Stimmen. –In: literatur für leser 1997/2, S. 85-94.

Neumann, Gerhard: Christa Wolf: *Kassandra*. Die Archäologie der weiblichen Stimme. –In: Mauser, Wolfram (Hrsg.): Erinnerte Zukunft: 11 Studien zum Werk Christa Wolfs. Würzburg: Königshausen u. Neumann, 1985, S. 233-264.

Nicolai, Rosemarie: Christa Wolf, Kassandra: Interpretation unter Mitarbeit von Doris Thimm. 3., korrigierte und bibliographisch ergänzte Aufl., München: Oldenbourg, 1995 (= Oldenbourg Interpretationen, Bd. 46).

Paul, Georgina: Schwierigkeiten mit der Dialektik: zu Christa Wolfs Medea. Stimmen. –In: German Life and Letters 50/2 (April 1997), S. 227-240.

Quernheim, Mechthild: Das moralische Ich. Kritische Studien zur Subjektwerdung in der Erzählprosa Christa Wolfs. Würzburg: Königshausen u. Neumann, 1990 (= Epistemata. Würzburger wissenschaftliche Schriften. Reihe Literaturwissenschaft, Bd. 46).

Renner, Rolf Günter: Mythische Psychologie und psychologischer Mythos. Zu Christa Wolfs *Kassandra*. –In: Mauser, Wolfram (Hrsg.): Erinnerte Zukunft: 11 Studien zum Werk Christa Wolfs. Würzburg: Königshausen u. Neumann, 1985, S. 265-290.

Risse, Stefanie: Wahrnehmen und Erkennen in Christa Wolfs Erzählung „Kassandra". Pfaffenweiler: Centaurus-Verlagsgesellschaft, 1986 (= Reihe Sprach- und Literaturwissenschaft, Bd. 10).

Roebling, Irmgard: "Hier spricht keiner meine Sprache, der nicht mit mir stirbt." Zum Ort der Sprachreflexion in Christa Wolfs *Kassandra*. –In: Mauser, Wolfram (Hrsg.): Erinnerte Zukunft: 11 Studien zum Werk Christa Wolfs. Würzburg: Königshausen u. Neumann, 1985, S. 207-232.

Roser, Birgit: Mythenbehandlung und Kompositionstechnik in Christa Wolfs "Medea. Stimmen". Frankfurt/M.; Berlin; Bern; Bruxelles; New York; Wien: Lang, 2000 (=Münchener Studien zur literarischen Kultur in Deutschland; Bd. 32).

Schuscheng, Dorothe: Arbeit am Mythos Frau. Weiblichkeit und Autonomie in der literarischen Mythenrezeption Ingeborg Bachmanns, Christa Wolfs und Gertrud Leuteneggers. Frankfurt a.M. u.a.: Lang, 1987 (= Europäische Hochschulschriften, Reihe 1: Deutsche Sprache und Literatur, Bd. 1006).

Shafi, Monika: "Falsch leiden sollte es das auch geben." Konfliktstrukturen in Christa Wolfs Roman *Medea*. –In: Colloquia Germanica Vol. 30, Iss. 4, 1997, S. 375-385.

Stephan, Inge: Medea-Mythen in der Literatur der Gegenwart (Bachmann – Jelinek – Wolf). –In: metis. Zeitschrift für historische Frauenforschung und feministische Praxis, H. 14 (1998), S. 53-64.

Stephan, Inge: Musen & Medusen. Mythos und Geschlecht in der Literatur des 20. Jahrhunderts. Köln, Weimar u. Wien: Bohlau, 1997 (=Literatur – Kultur – Geschlecht. Studien zur Literatur- und Kulturgeschichte. Kleine Reihe, Bd. 9).

Streller, Siegfried: Selbstbildnis im Angesicht des Todes. Christa Wolf, "Kassandra. Vier Vorlesungen. Eine Erzählung". –In: Ders.: Wortweltbilder. Studien zur deutschen Literatur. Berlin u. Weimar: Aufbau, 1986, S. 220-231.

Svandrlik, Rita (Rez.): Christa Wolf: Medea. Stimmen. Luchterhand. Hamburg [!], 1996. –In: Rundbrief Frauen in der Literaturwissenschaft 50 (Mai 1997), S. 95-96.

Voss, Christine C.: Projektionsraum Mythos bei Christa Wolf. Von der *Kassandra* zur *Medea*: eine literarische Analyse der feministisch-mythographischen Konzepte in diesen Werken. Ann Arbor, Mich.: Umi, 1998 (zugl: New Brunswick, Univ. Diss., 1998)
(Dieses Buch war leider während der Ausarbeitung dieser Studie zu Beginn des Jahres 2000 nicht in Deutschland zugänglich.)

Weigel, Sigrid: "Blut ist im Schuh". Die Bedeutung der Körper in Christa Wolfs Prosa. –In: Vanheleputte, M. (Hrsg.): Christa Wolf in feministischer Sicht. Referate eines am 7. und 8. Dezember 1989 an der „Vrije Universiteit Brussel" veranstalteten Kolloquiums. Frankfurt a.M. u.a.: Lang, 1992 (=Europäische Hochschulschriften. Reihe 1, Deutsche Sprache und Literatur, Bd. 1301), S. 145-157.

Dies.: Vom Sehen zur Seherin. Christa Wolfs Umdeutung des Mythos und die Spur der Bachmann-Rezeption in ihrer Literatur. –In: Arnold, Heinz Ludwig (Hrsg.): Christa Wolf. 3., erw. Aufl., München: Edition Text+Kritik, 1985 (=Text+Kritik, H. 46), S. 67-92.

Wülfing, Peter: Der Kassandra-Mythos und Christa Wolfs Erzählung. In: Antike Texte in Forschung und Schule: Festschrift für Willibald Heilmann zum 65. Gevburtstag. Hrsg. v. Ch. Neumeister. Frankf./M.: 1993 (=Schule und Forschung: Altsprachliche Abteilung), S. 300-318.

Primärliteratur anderer Autoren

Agamben, Giorgio: Homo sacer. Il potere sovrano e la nuda vita. Torino: Einaudi, 1995 (Einaudi contemporanea 38).

Aischylos: Die Orestie. Agamemnon. Die Totenspende. Die Eumeniden. Dtsch.v. Emil Staiger m. Nachw. d. Übersetzers. Stuttgart: Reclam jun., 1997. (Univ.-Bibliothek Nr. 508).

Benjamin, Walter: Über den Begriff der Geschichte. In: Ders.: Gesammelte Schriften u. Mitwirkung v. Th. W. Adorno u. G. Scholem. Bd. I, 2. Hrsg. v. Rolf Tiedemann, H. Schweppenhäuser. Frankf./M.: Suhrkamp, 1978, S. 671-704.

Büchner, Georg: Werke und Briefe. Leipzig: Insel, o. J..

Euripides: Medea. Griech./Deutsch. Hrsg. v. Karl Heinz Eller. Ditzingen: Reclam Jun., 1983.

Ivekovic, Rada: Autopsia dei Balcani. Saggio di psico-politica. Milano: Raffaello Cortina Ed., 1999.

Foucault, Michel: Die Ordnung des Diskurses. Mit einem Essay v. Ralf Konersmann. Frankfurt/M.: Fischer, 1991.

Ders.: Eterotopie. 1984. In: Archivio Foucault. Interventi, colloqui, interviste. 3. 1978-1985: Estetica dell'esistenza, etica, politica. A cura di Alessandro Pandolfi. Milano: Feltrinelli, 1998, p. 307-316.

(Or.: Des espaces autres. In: Dits et écrits IV. Paris: Éd. Gallimard, 1994, p. 752-762.)

Ders.: La Verità e le forme giuridiche. 1973. In: Archivio Foucault. Interventi, colloqui, interviste. 2. 1971-1977: Poteri, saperi, strategie. A cura di Alessandro Dal Lago. Milano: Feltrinelli, 1997, p. 83-165.

(Or.: La vérité et les formes juridiques. In: Dits et écrits II. Paris: Éd. Gallimard, 1994, p. 538-646)

Ders.: Nietzsche, la généalogie, l'histoire. 1971. In: Dits et écrits. 1954-1988. Tome II: 1970-1975. Éd. de Daniel Defert, François Ewald avec la collaboration de Jaques Lagrange. Paris: Gallimard, 1994, p. 136-156.

Girard, René: Das Heilige und die Gewalt. Zürich: Benziger, 1987.

(Or.: La violence et le sacré. Paris: Bernard Grasset, 1972.)

Musil, Robert: Die Schwärmer. Schauspiel. Reinbek b. Hamburg: Rowohlt, 1998.

Ders.: Der Mann ohne Eigenschaften. Bd. I. Erstes und zweites Buch. Hrg. v. Frisé, Adolf. Reinbek b. Hamburg: Rowohlt, 1990.

Nietzsche, Friedrich: Also sprach Zarathustra. Ein Buch für Alle und Keinen. Nachw. v. Josef Simon. Stuttgart: Reclam jun., 1994.

Ders.: Nachgelassene Fragmente. 1887-1889. 'Krit. Studienausgabe.' (KSA), Bd. 13 Hrg. v. Giorgio Colli, Mazzino Montinari. München; Bln., New York: dtv, de Gruyter, 1988.

Seneca, L. Annaeus: Medea. Lat./Deutsch. Übers. u. hrsgg. v. Bruno W. Häuptli. Stuttgart: Reclam jun., 1993 (Univ.-Bibliothek Nr. 8882).

Sini, Carlo: Etica della scrittura. Milano: Il saggiatore, 1992.

Waldenfels, Bernhard: Studien zur Phänomenologie des Fremden 4: Die Vielstimmigkeit der Rede. Frankf./M.: Suhrkamp, 1999 (Suhrkamp-Taschenbuch Wissenschaft; 1442).

Lexika – Anthologien

Der kleine Pauly. Lexikon der Antike. Auf der Grundlage v. Pauly's Realencyclopädie der Classischen Altertumswissenschaften u. Mitwirkung zahlreicher Fachgelehrter bearb. u. hrsg. v. Kurt Ziegler und Walter Sontheimer. Stuttgart, 1969, Bd. 3.

Duby, Georges; Perrot, Michelle: Storia delle donne in Occidente. Dal Rinascimento all'età moderna. A cura di Natalie Zemon Davis e Arlette Farge. Roma: Economia Laterza, 1996.

Emmerich, Wolfgang: Kleine Literaturgeschichte der DDR. Erw. Neuausgabe. Leipzig: Kiepenheuer, 1996.

Etymologisches Wörterbuch des Deutschen. Erarb. i. Zentralinstitut für Sprachwissenschaft, Berlin, u. d. Leitung v. Wolfgang Pfeifer. München: dtv, 1995.

Frenzel, Elisabeth: Stoffe der Weltliteratur. Ein Lexikon dichtungsgeschichtlicher Längsschnitte. 7., verb. u. erw. Aufl., Stuttgart: Kröner 1988 (=Kröners Taschenausgabe, Bd. 300).

Frenzel, Elisabeth: Stoff- und Motivgeschichte. Berlin: Schmidt 1966 (=Grundlagen der Germanistik, Bd. 3).

Pape, Walter: Griechisch-Deutsches Handwörterbuch. Nachdr. d. 3. Aufl. zugl. als 6. Abdruck 1914 BS: Vieweg & Sohn ersch., bearb. v. M. Sengebusch. Bd. 1 (A-K).

Lexikon der Alten Welt. Hrsg. v. Autorenkoll., Red.: K. Bartels, L. Huber. Zürich, München: 1990, Bd.2.

Menge, Hermann: Griechisch-Deutsches Schulwörterbuch m. bes. Berücks. d. Etymologie. Berlin: Langenscheidt, 1906.

Wilpert, Gero v.: Sachwörterbuch der Literatur. 4., verb. und erw. Aufl., Stuttgart: Kröner, 1964.

Literatur zum Mythos

Bloch, Ernst: Zerstörung, Rettung des Mythos durch Licht. –In: Ders.: Literarische Aufsätze. (Gesamtausgabe, Bd. 9) Frankfurt a.M.: Suhrkamp, 1965, S. 338-347.

Blumenberg, Hans: Arbeit am Mythos. Frankf./M.: Suhrkamp, 1996.

Ders.: Wirklichkeitsbegriff und Wirkungspotential des Mythos. –In: Fuhrmann, M. (Hrsg.): Terror und Spiel. Probleme der Mythenrezeption. München: Fink, 1971 (=Poetik und Hermeneutik, Bd. 4), S. 11-66.

Bormann, Alexander v.: Mythos und Subjekt-Utopie. Bemerkungen zur gegenwärtigen Mythos-Diskussion. –In: L'80, Heft 34 (Juni 1985), S. 29-45.

Frank, Manfred: Der kommende Gott. Vorlesungen über die Neue Mythologie, Teil 1. Frankfurt a.M.: Suhrkamp 1982 (=edition suhrkamp, Bd. 1142).

Fritz, Kurt v.: Die Entwicklung der Iason-Medeasage und die Medea des Euipides. –In: Ders.: Antike und moderne Tragödie. Neun Abhandlungen. Berlin: De Gruyter, 1962, S. 322-429.

Fuhrmann, Manfred (Hrsg.): Terror und Spiel. Probleme der Mythenrezeption. München: Fink, 1971 (=Poetik und Hermeneutik, Bd. 4).

Gascard, Johannes R.: Medea-Morphosen. Eine mytho-psychohistorische Untersuchung zur Rolle des Mann-Weiblichen im Kulturprozeß. Berlin: Duncker & Humblot, 1993 (=Sozialwissenschaftliche Schriften, H. 24).

Horstmann, Axel: Artikel "Mythos, Mythologie". –In: Historisches Wörterbuch der Philosophie. Hg. v. Joachim Ritter und Karlfried Gründer. Bd. 6 (Mo-O). Darmstadt: Wissenschaftliche Buchgesellschaft, 1984, Sp. 281-318.

Hübner, Kurt: Die Wahrheit des Mythos. München: C.H.Beck, 1985.

Jamme, Christoph: Einführung in die Philosophie des Mythos. Bd. 2: Neuzeit und Gegenwart. Darmstadt: Wissenschaftliche Buchgesellschaft, 1991 (= Die Philosophie).

Ders.: "Gott an hat ein Gewand". Grenzen und Perspektiven philosophischer Mythos-Theorien der Gegenwart. Frankfurt a.M.: Suhrkamp, 1991.

Kenkel, Konrad: Medea-Dramen. Entmythisierung und Remythisierung. Euripides, Klinger, Grillparzer, Jahnn, Anouilh. Bonn: Bouvier, 1979 (= Studien zur Germanistik, Anglistik und Komparatistik, Bd. 63).

Kerényi, Karl: Die Mythologie der Griechen. Bd. 1: Die Götter- und Menschheitsgeschichten. München: dtv, 1996.

Ders.: Die Mythologie der Griechen. Bd. 2: Die Heroen-Geschichten, München: dtv, 1996.

Ders.: Was ist Mythologie? –In: Ders. (Hrsg.): Die Eröffnung des Zugangs zum Mythos. Ein Lesebuch. Darmstadt: Wissenschaftliche Buchgesellschaft, 1976 (= Wege der Forschung, Bd. 20), S. 212-233.

Ders. (Hrsg.): Thomas Mann – Karl Kerényi. Gespräch in Briefen. Frankfurt a.M.: Fischer, 1972.

Kobbe, Peter: Mythos und Modernität. Eine poetologische und methodenkritische Studie zum Werk Hans Henny Jahnns. Stuttgart u.a.: Kohlhammer, 1973 (Studien zur Poetik und Geschichte der Literatur, Bd. 32).

Ledergerber, Karl: Kassandra. Das Bild der Prophetin in der antiken und insbesondere in der älteren abendländischen Dichtung. Inauguraldissertation d. Phil. Fak. d. Univ. Freiburg, 1941.

Ott, H: Artikel "Entmythologisierung". –In: Die Religion in Geschichte und Gegenwart. Handwörterbuch für Theologie und Religionswissenschaft. Hg. v. Kurt Gailing u.a. Bd. 4 (Kop-O). 3., völlig neu bearb. Aufl., Tübingen: Mohr, 1960, Sp. 496-499.

Poser, Hans (Hrsg.): Philosophie und Mythos. Ein Kolloquium. Berlin u. New York: de Gruyter, 1979.

Ranke-Graves, Robert v.: Griechische Mythologie. Quellen und Deutung. 2 Bde. Hg. v. Emesto Grassi. Reinbek bei Hamburg: Rowohlt, 1965 (=rowohlts deutsche enzyklopädie, Sachgebiet Mythologie).

Schmidt, Margot: Medeia (Auszüge aus dem gleichnamigen Artikel im Lexicon Iconographicum Mythologiae Classicae). –In: VzT, S. 34-36.

Wesel, Uwe: Der Mythos vom Matriarchat. Über Bachofens Mutterrecht und die Stellung von Frauen in frühen Gesellschaften vor der Entstehung staatlicher Herrschaft. Frankfurt a.M.: Suhrkamp, 1980 (=Suhrkamp Taschenbuch Wissenschaft, Bd. 333).

Ziegler, Klaus: Mythos und Dichtung. –In: Reallexikon der deutschen Literaturgeschichte. Begründet von Paul Merker und Wolfgang Stammler, hg. v. Werner Kohlschmidt und Wolfgang Mohr. Bd. 2 (L-O). 2., neu bearb. Aufl., Berlin: de Gruyter, 1965, S. 569-584.